〔漢〕鄭　玄　等注

十三經古注

十

孟子

中華書局

本册目録

［著者小傳］趙岐，後漢長陵人。初名嘉，字臺卿，後改名，字邠卿。永興初，辟司空掾，爲皮氏長。時河東太守爲中常侍左悺兄，以恥疾宦官，西歸。京兆尹延篤辟爲功曹。嘗與兄襲得罪中常侍唐衡，避禍，變姓名賣餅北海市，衡死乃出。徵拜議郎，擢太常。年九十餘，建安中卒。有《孟子章句》、《三輔决錄》。

孟子

四部備要

經部

上海中華書局據永懷堂本校刊

桐鄉 陸費逵總勘

杭縣 高時顯 吳汝霖輯校

杭縣 丁輔之監造

孟子序

宋朝散大夫尚書兵部郎中充龍圖閣待制知通
進銀臺司兼門下封駁事兼判國子監上護軍賜
紫金魚袋孫　奭撰

夫總羣聖之道者莫大乎六經紹六經之教者莫尚乎孟子自昔仲尼既沒戰國初興至化陵遲異端竝作儀衍肆其詭辯楊墨飾其淫辭遂致王公納其謀以紛亂於上學者循其踵以蔽惑於下猶洚水懷山時盡昏墊繁蕪塞路孰可芟夷惟孟子挺名世之才秉先覺之志拔邪樹正高行厲辭導王化之源以救時弊開聖人之道以斷羣疑其言精而贍其旨淵而通致仲尼之教獨尊於千古非聖賢之倫安能至於此乎其書由炎漢之後盛傳於世爲之註者則有趙岐陸善經爲之音則有張鎰丁公著自陸善經已降其所訓說雖小有異同而共宗趙氏惟是音釋二家撰錄俱未精當張氏則徒分章句漏落頗多丁氏則稍識指歸僞謬時有若非再加刊正詎可通行臣奭前奉　勑與同判國子監王旭國子監直講馬龜符國子學說書吳易直馮元等作音義二卷已經　進呈今輒罄淺聞隨趙氏所說仰効先儒釋經爲之正義凡理有所滯事有所遺質諸經訓與之增明雖仰測至言莫窮於奧妙而廣傳博識更俟於發揮謹上

孟子目錄

孟子目錄

孟子卷一

漢太常京兆趙　岐註

明後學東吳金　蟠訂

梁惠王章句上

梁惠王者魏惠王也魏國名惠謚也王號也時天下有七王皆僭號者猶春秋之時吳楚之君稱王也魏惠王居於大梁故號曰梁王聖人及大賢有道德者王公侯伯及卿大夫咸願以為師孔子時諸侯問疑質禮若弟子之問師也魯衛之君皆專事焉故論語或以弟子名篇而有衛靈公季氏之篇孟子亦以大儒為諸侯師是以梁惠王滕文公題篇以公孫丑等而為之一例者也

孟子見梁惠王。

孟子適梁魏惠王禮請孟子見之

王曰。叟。不遠千里而來。亦將有以利吾國乎。

曰辭也叟長老之稱猶父也孟子去齊老而之魏王尊禮之曰父不遠千里之路而來此亦將有以為寡人興利除害者乎

孟子對曰。王何必曰利。亦有仁義而已矣。

孟子知王欲以富國強兵為利故曰王何以利為名乎亦有仁義之道可以為名以利為名則有不利之患矣因為王陳之

王曰。何以利吾國。大夫曰。何以利吾家。士庶人曰。何以利吾身。上下交征利。而國危矣。

征取也從王至庶人故言上下交爭各欲利其身必至於篡弒則國危矣論語曰放於利而行多怨故不欲使王以利為名也又言交為俱也

萬乘之國。弒其君者。必千乘之家。

萬乘兵車萬乘謂天子也千乘兵車千乘謂諸侯也夷羿之弒夏后是以千乘取其萬乘者也

千乘之國。弒其君者。必百乘之家。

天子建國諸侯立家百乘之家謂大國之卿食采邑有兵車百乘之賦者也若齊崔衛甯晉六卿等是以其終亦皆弒君此以百乘取千乘也上千乘當言國而言家者諸侯以國為家亦以避萬乘稱國故稱家君臣上下之辭

萬取千焉。千取百焉。不為不多矣。

周制君十卿祿君食萬鍾臣食千鍾亦多故不為不多矣

苟為後義而先利。不奪不饜。

苟誠也誠令大臣皆後仁義而先自利則不篡奪君位不足自饜飽其欲矣

未有仁而遺其親者也。未有義而後其君者也。

仁者親親義者尊尊人無行仁而遺棄其親也無行義而忽後其君長

王亦曰仁義而已矣。何必曰利。

孟子復申此者重嘆其禍也

孟子見梁惠王。王立於沼上。顧鴻鴈麋鹿。曰。賢者亦樂此乎。

沼池也王好廣苑囿大池沼與孟子遊觀乃顧視禽獸之眾多其心以為娛樂誇咤孟子曰賢者亦樂此乎

孟子對曰。賢者而後樂此。不賢者雖有此。不樂也。

惟有賢者然後乃得樂此耳謂脩堯舜之道國家安寧故得有此以爲樂也不賢之人亡國破家雖有此亦爲人所奪故不得以爲樂也

詩云經始靈臺經之營之庶民攻之不日成之

詩大雅靈臺之篇也言文王始初經營規度此臺民並來治作之而不與之相期日限自來成之

經始勿亟庶民子來

言文王不督促使之亟疾也衆民自來趣之若子來爲父使之也

王在靈囿麀鹿攸伏麀鹿濯濯白鳥鶴鶴

麀鹿牝鹿也言文王在囿中麀鹿懷妊安其所而伏不驚動也獸肥飽則濯濯鳥肥飽則鶴鶴而澤好而已

王在靈沼於牣魚躍

文王在池沼魚乃跳躍喜樂言其德及鳥獸魚鼈也

文王以民力爲臺爲沼而民歡樂之謂其臺曰靈臺謂其沼曰靈沼樂其有麋鹿魚鼈

孟子謂王誦此詩因曰文王雖以民力築臺鑿池民猶歡樂之謂其臺沼若神靈之所爲欲使其多禽獸以養文王者也

古之人與民偕樂故能樂也

偕俱也言古賢之君與民同樂故能得其樂

湯誓曰時日害喪予及女皆亡

湯誓尚書篇名也時是也日乙卯日也害大也言桀爲無道百姓皆欲與湯共伐之湯臨士衆誓言是日桀當大喪亡我與女俱往亡之

民欲與之皆亡雖有臺池鳥獸豈能獨樂哉

孟子說詩書之義以感喻王言民欲與湯共亡桀雖有臺池禽獸何能獨樂之哉復申明上言不賢者雖有此不樂也

梁惠王曰寡人之於國也盡心焉耳矣

王侯自稱孤寡言寡人於治國之政盡心欲利百姓焉耳者懇至之辭

河內凶則移其民於河東移其粟於河內河東凶亦然

言凶年以此救民也魏舊在河東後爲強國兼得河內也

察鄰國之政無如寡人之用心者

言鄰國之君用心憂民無如己也

鄰國之民不加少寡人之民不加多何也

王自怪爲政有此惠而民人不增多於鄰國者何也

孟子對曰王好戰請以戰喻

因王好戰故以戰事喻解王意

塡然鼓之兵刃既接棄甲曳兵而走或百步而後止或五十步而後止以五十步笑百步則何如

塡鼓音也兵以鼓進以金退孟子問王曰今有戰者兵刃已交其負者棄甲曳兵而走五十步而止足以笑百步者否

曰不可直不百步耳是亦走也

王曰不足以相笑也是人俱走直爭不百步耳

曰王如知此則無望民之多於鄰國也

孟子曰王如知此不足以相笑王之政猶此也王雖有移民轉粟之善政其好戰殘民與鄰國同而獨望民之多何異於五十步笑百步者乎

不違農時穀不可勝食也

從此已下為王陳王道也使民得三時務農不違奪其要時則五穀饒穰不可勝食

數罟不入洿池魚鱉不可勝食也

數罟密網也密細之網所以捕小魚鱉也故禁之不得用魚不滿尺不得食

斧斤以時入山林材木不可勝用也

時謂草木零落之時使林木茂暢故有餘

穀與魚鱉不可勝食材木不可勝用是使民養生喪死無憾也

憾恨也民所用者足故無恨

養生喪死無憾王道之始也

王道先得民心民心無恨故言王道之始

五畝之宅樹之以桑五十者可以衣帛矣

廬井邑居各二畝半以為宅各入保城二畝半故為五畝也樹桑牆下古者年五十乃衣帛矣

雞豚狗彘之畜無失其時七十者可以食肉矣

言孕字不失時也七十不食肉不飽

百畝之田勿奪其時數口之家可以無饑矣

一夫一婦耕耨百畝百畝之田不可以徭役奪其時功則家給人足農夫上中下所食多少各有差故總言數口之家也

謹庠序之教申之以孝悌之義頒白者不負戴於道路矣

庠序者教化之宮也殷曰序周曰庠謹脩教化申重孝悌之義頒者班也頭半白班班者也壯者代老心各安之故頒白者不負戴也

七十者衣帛食肉黎民不饑不寒然而不王者未之有也

言百姓老稚溫飽禮義脩行積之可以致王也孟子欲以風王何不行此可以王天下有率土之民何但望民多於鄰國

狗彘食人食而不知檢塗有餓莩而不知發

言人君但養犬彘使食人食不知以法度檢斂也塗道也餓死者曰莩詩曰莩有梅莩零落也道路之旁有餓死者不知發倉廩以用賑救之也

人死則曰非我也歲也是何異於刺人而殺之曰非我也兵也

人死謂餓疫死者也王政使然而曰非我殺之歲殺之也此何以異於用刃殺人而曰非我也兵自殺之也

王無罪歲斯天下之民至焉

戒王無歸罪於歲責己而改行則天下之民皆可致也

梁惠王曰寡人願安承教

願安意承受孟子之教令

孟子對曰殺人以梃與刃有以異乎

梃杖也

曰無以異也

王曰梃刃殺人無以異也

以刃與政有以異乎

孟子欲以政喻王

曰無以異也

王復曰梃刃殺人與政殺人無異也

曰庖有肥肉廄有肥馬民有饑色野有餓莩此率獸而食人也

孟子言人君如此是率獸而食人也

獸相食且人惡之爲民父母行政不免於率獸而食人惡在其爲民父母也

虎狼食禽獸人猶尚惡視之牧民爲政乃率禽獸食人安在其爲民父母之道也

仲尼曰始作俑者其無後乎爲其象人而用之也如之何其使斯民饑而死也

俑偶人也用之送死仲尼重人類謂秦穆公時以三良殉葬本由有作俑者也惡其始造故曰此人其無後嗣乎如之何其使斯民饑而死也孟子陳此以教王愛其民也

梁惠王曰晉國天下莫強焉叟之所知也

韓魏趙本晉六卿當此時號三晉故惠王言晉國天下莫強焉

及寡人之身東敗於齊長子死焉西喪地於秦七百里南辱於楚寡人恥之願比死者一洒之如之何則可

王念有此三恥求策謀於孟子

孟子對曰地方百里而可以王

言古聖人以百里之地以致王天下謂文王也

王如施仁政於民省刑罰薄稅斂深耕易耨壯者以暇日脩其孝悌忠信入以事其父兄出以事其長上可使制梃以撻秦楚之堅甲利兵矣

易耨芸苗令簡易也制作也王如行此政可使國人作杖以捶敵國堅甲利兵何患恥之不雪也

彼奪其民時使不得耕耨以養其父母父母凍餓兄弟妻子離散彼陷溺其民王往而征之夫誰與王敵

彼謂齊秦楚也彼困其民王往征之彼失民心民不爲用夫誰與共禦王之師而爲王之敵乎

故曰仁者無敵王請勿疑

鄰國暴虐己脩仁政則無敵矣王請行之勿有疑也

孟子見梁襄王出語人曰望之不似人君

襄諡也魏之嗣王也望之無儼然之威儀也

就之而不見所畏焉

就與之言無人君操柄之威知其不足畏

卒然問曰天下惡乎定

卒暴問事不由其次也問天下安所定言誰能定之

吾對曰定于一

孟子謂仁政爲一也

孰能一之

言孰能一之者

對曰不嗜殺人者能一之

嗜猶甘也言今諸侯有不甘樂殺人者則能一之

孰能與之

王言誰能與不嗜殺人者乎

對曰天下莫不與也

孟子曰時人皆苦虐政如有行仁天下莫不與之

王知夫苗乎七八月之間旱則苗槁矣天油然作雲沛然下雨則苗浡然興之矣其如是孰能禦之

以苗生喻人歸也周七八月夏之五六月也油然興雲之貌沛然下雨以潤槁苗則浡然已盛孰能止之

今夫天下之人牧未有不嗜殺人者也如有不嗜殺人者則天下之民皆引領而望之矣誠如是也民歸之由水之就下沛然誰能禦之

今天下牧民之君誠能行此仁政民皆延頸望欲歸之如水就下沛然而來誰能止之

齊宣王問曰齊桓晉文之事可得聞乎

宣謚也宣王問孟子欲庶幾齊桓公小白晉文公重耳孟子冀得行道故仕於齊齊不用乃適梁建篇先梁者欲以仁義爲首篇因言魏事章次相從然後道齊之事

孟子對曰仲尼之徒無道桓文之事者是以後世無傳焉臣未之聞也

孔子之門徒頌述宓羲以來至文武周公之法制耳雖及五霸心賤薄之是以儒家後世無欲傳道之者故曰臣未之聞也

無以則王乎

既不論三皇五帝殊無所問則尚當問王道耳不欲使王問霸者之事

曰德何如則可以王矣

王曰德行當何如而可得以王乎

曰保民而王莫之能禦也

保安也禦止也言安民則惠而黎民懷之若此以王誰能止也

曰若寡人者可以保民乎哉

王自恐德不足以安民故問之

曰可

孟子以爲如王之性可以安民也

曰何由知吾可也

王問孟子何以知吾可以保民

曰臣聞之胡齕曰王坐於堂上有牽牛而過堂下

者王見之曰牛何之對曰將以釁鍾王曰舍之吾
不忍其觳觫若無罪而就死地對曰然則廢釁鍾
與曰何可廢也以羊易之不識有諸
胡齕王左右近臣也觳觫牛當到死地處恐貌新鑄鍾殺牲以血塗其釁郄因以祭之曰釁周禮大
祝曰墮釁逆牲逆尸令鍾鼓天府上春釁寶鍾及寶器孟子曰臣受胡齕言王嘗有此仁不知誠充
之否
曰有之
王曰有之
曰是心足以王矣百姓皆以王爲愛也臣固知王
之不忍也
愛嗇也孟子曰王推是仁心足以至於王道然百姓皆謂王嗇愛其財臣知王見牛恐懼不欲趨死
不忍故易之也
王曰然誠有百姓者齊國雖褊小吾何愛一牛卽
不忍其觳觫若無罪而就死地故以羊易之也
王曰亦誠有百姓所言者矣吾國雖小豈愛惜一牛之財費哉卽見其牛哀之釁鍾又不可廢故易
之以羊耳
曰王無異於百姓之以王爲愛也以小易大彼惡
知之王若隱其無罪而就死地則牛羊何擇焉
異怪也隱痛也孟子言無怪百姓謂王愛財也見王以小易大故也王如痛其無罪羊亦無罪何爲
獨釋牛而取羊

王笑曰是誠何心哉我非愛其財而易之以羊也
宜乎百姓之謂我愛也
王自笑心不然而不能自免爲百姓所非乃責己之以小易大故曰宜乎其罪我也
曰無傷也是乃仁術也見牛未見羊也君子之於
禽獸也見其生不忍見其死聞其聲不忍食其肉
是以君子遠庖廚也
孟子解王自責之心曰無傷於仁是乃王爲仁之道也時未見羊羊之爲牲次於牛故用之耳是以
君子遠庖廚不欲見其生食其肉也
王說曰詩云他人有心予忖度之夫子之謂也夫
我乃行之反而求之不得吾心夫子言之於我心
有戚戚焉此心之所以合於王者何也
詩小雅巧言之篇也王喜悅因稱是詩以嗟歎孟子忖度知己心戚戚然心有動也寡人雖有是心
何能足以合於王也
曰有復於王者曰吾力足以舉百鈞而不足以舉
一羽明足以察秋毫之末而不見輿薪則王許之
乎
復白也許信也人有白王如此王信之乎百鈞三千斤也
曰否
王曰我不信也
今恩足以及禽獸而功不至於百姓者獨何與然

則一羽之不舉爲不用力焉輿薪之不見爲不用明焉百姓之不見保爲不用恩焉故王之不王不爲也非不能也

孟子言王恩及禽獸而不安百姓若不用力不用明者也不爲耳非不能也

曰不爲者與不能者之形何以異

王問其狀何以異也

曰挾太山以超北海語人曰我不能是誠不能也爲長者折枝語人曰我不能是不爲也非不能也故王之不王非挾太山以超北海之類也王之不王是折枝之類也

孟子爲王陳爲與不爲之形若是王則不折枝之類也折枝案摩折手節解罷枝也少者恥是役故不爲耳非不能也太山北海皆近齊故以爲喻也

老吾老以及人之老幼吾幼以及人之幼天下可運於掌

老猶敬也幼猶愛也敬吾之老亦敬人之老愛我之幼亦愛人之幼推此心以惠民天下可轉之掌上言其易也

詩云刑于寡妻至于兄弟以御于家邦言舉斯心加諸彼而已

詩大雅思齊之篇也刑正也寡少也言文王正己適妻則八妾從以及兄弟御享也享天下國家之福但舉己心加諸彼而已

故推恩足以保四海不推恩無以保妻子古之人所以大過人者無他焉善推其所爲而已矣

大過人者大有爲之君也善推其心所好惡以安四海也

今恩足以及禽獸而功不至於百姓者獨何與

復申此言非王不能不爲之耳

權然後知輕重度然後知長短物皆然心爲甚王請度之

權銓衡也可以稱輕重度丈尺也可以度長短凡物皆當稱度乃可知心當行之乃爲仁心比於物尤當爲之甚者也欲使王度心如度物也

抑王興甲兵危士臣構怨於諸侯然後快於心與

抑辭也孟子問王抑亦如是乃快耶

王曰否吾何快於是將以求吾所大欲也

王言不然我不快是也將欲以求吾心所大欲者耳

曰王之所大欲可得聞與

孟子雖心知王意而故問者欲令王自道遂因而陳之

王笑而不言

王意大而不敢正言

曰爲肥甘不足於口與輕煖不足於體與抑爲采色不足視於目與聲音不足聽於耳與便嬖不足使令於前與王之諸臣皆足以供之而王豈爲是

哉

孟子復問此五者欲以致王所欲也故發異端以問之也

曰否吾不爲是也

王言我不爲是也

曰然則王之所大欲可知已欲辟土地朝秦楚莅中國而撫四夷也

莅臨也言王意欲庶幾王者臨莅中國而安四夷者也

以若所爲求若所欲猶緣木而求魚也

若順也順攜者所爲謂構兵諸侯之事求順今之所欲莅中國之願其不可得如緣喬木而求生魚也

曰若是其甚與

王謂比之緣木求魚爲大甚

曰殆有甚焉緣木求魚雖不得魚無後災以若所爲求若所欲盡心力而爲之後必有災

孟子言盡心戰鬬必有殘民破國之災故曰殆有甚於緣木求魚者也

曰可得聞與

王欲知其害也

曰鄒人與楚人戰則王以爲孰勝

言鄒小楚大也

曰楚人勝

王曰楚人勝也

曰然則小固不可以敵大寡固不可以敵衆弱固不可以敵彊海內之地方千里者九齊集有其一以一服八何以異於鄒敵楚哉

固辭也言小弱固不可以敵彊大集會齊地可方千里譬一州耳今欲以一州服八州猶鄒欲敵楚也

蓋亦反其本矣

王欲服之之道蓋當反王道之本耳

今王發政施仁使天下仕者皆欲立於王之朝耕者皆欲耕於王之野商賈皆欲藏於王之市行旅皆欲出於王之塗天下之欲疾其君者皆欲赴愬於王其若是孰能禦之

反本道行仁政若此則天下歸之誰能止之也

王曰吾惛不能進於是矣願夫子輔吾志明以教我我雖不敏請嘗試之

王言我情思惛亂不能進行此仁政不知所當施行也欲使孟子明言其道以教訓之我雖不敏願嘗使少行之也

曰無恆產而有恆心者惟士爲能若民則無恆產因無恆心

孟子爲王陳其法也恆常也產生也恆產則民常可以生之業也恆心人常有善心也惟有學士之

心者，雖窮不失道，不求苟得耳。凡民迫於饑寒，則不能守其常善之心也。

苟無恒心，放辟邪侈，無不爲已。及陷於罪，然後從而刑之，是罔民也。民誠無恒心，放溢辟邪，侈於姦利，犯罪觸刑，無所不爲，乃就刑之，是由張羅罔以罔民者也。

焉有仁人在位罔民而可爲也。安有仁人爲君，罔陷其民，是政何可爲也。

是故明君制民之產，必使仰足以事父母，俯足以畜妻子，樂歲終身飽，凶年免於死亡，然後驅而之善，故民之從之也輕。言衣食足，知榮辱，故民從之，教化輕易也。

今也制民之產，仰不足以事父母，俯不足以畜妻子，樂歲終身苦，凶年不免於死亡，此惟救死而恐不贍，奚暇治禮義哉。言今民困窮，救死恐凍餓而不給，何暇脩禮義乎。

王欲行之，則盍反其本矣。五畝之宅，樹之以桑，五十者可以衣帛矣。雞豚狗彘之畜，無失其時，七十者可以食肉矣。百畝之田，勿奪其時，八口之家可以無饑矣。謹庠序之教，申之以孝悌之義，頒白者不負戴於道路矣。老者衣帛食肉，黎民不饑不寒，然而不王者，未之有也。其說與上同。八口之家，次上農夫也。孟子所以重言此者，乃王政之本，常生之道，故爲齊梁之君各具陳之。當章究義，不嫌其重也。

孟子卷一

孟子卷二

漢太常京兆趙　岐註

明後學東吳葛　鼒訂

梁惠王章句下

莊暴見孟子曰暴見於王王語暴以好樂暴未有以對也曰好樂何如（莊暴齊臣也不能決知之故無以對而問曰王好樂何如）

孟子曰王之好樂甚則齊國其庶幾乎（王誠能大好古之樂齊國其庶幾治乎）

他日見於王曰王嘗語莊子以好樂有諸（孟子問王有是語否）

王變乎色曰寡人非能好先王之樂也直好世俗之樂耳（變乎色愠恚莊子道其好樂也王言我不能好先王之樂也直好世俗之樂耳謂鄭音也）

曰王之好樂甚則齊國其庶幾乎今之樂由古之樂也（甚大也謂大要與民同樂古今何異也）

曰可得聞與（王問古今同樂之意寧可得聞之與）

曰獨樂樂與人樂樂孰樂（孟子復問王獨自作樂樂邪與人共聽樂也）

曰不若與人（王曰獨聽樂不如與衆共聽之樂也）

曰與少樂樂與衆樂樂孰樂（孟子復問王與少之人共聽樂邪衆人共聽樂樂也）

曰不若與衆（王言不若與衆人共聽樂爲樂）

臣請爲王言樂（孟子欲爲王陳獨樂與衆人樂樂狀）

今王鼓樂於此百姓聞王鐘鼓之聲管籥之音舉疾首蹙頞而相告曰吾王好鼓樂夫何使我至於此極也父子不相見兄弟妻子離散（鼓樂者樂以鼓爲節也管笙籥籥或曰籥若笛短而有三孔詩云左手執籥以節衆也疾首頭痛也蹙頞愁貌言王擊鼓作樂發賦徭役皆出於民而德不加之故使民愁也）

今王田獵於此百姓聞王車馬之音見羽旄之美舉疾首蹙頞而相告曰吾王之好田獵夫何使我至於此極也父子不相見兄弟妻子離散此無他不與民同樂也（田獵無節以非時取牲也羽旄之美但飾羽旄使之美好也發民驅獸供給役使不得休息故民窮極而離散奔走也）

今王鼓樂於此。百姓聞王鐘鼓之聲、管籥之音。舉欣欣然有喜色而相告曰。吾王庶幾無疾病與。何以能鼓樂也。百姓欲令王康強而鼓樂也。今無賦斂於民。而有惠益。故欣欣然而喜也。今王田獵於此。百姓聞王車馬之音。見羽毛之美。舉欣欣然有喜色而相告曰。吾王庶幾無疾病與。何以能田獵也。此無他。與民同樂也。王以農隙而田。不妨民時。有憫民之心。因田獵而加撫恤之。是以民悅之也。今王與百姓同樂。則王矣。孟子言王何故不大好樂。效古賢君與民同樂。則可以王天下也。何惡莊子之言王之好樂也。

齊宣王問曰。文王之囿方七十里。有諸。王言聞文王苑囿方七十里。寧有之。孟子對曰。於傳有之。於傳文有是言。曰。若是其大乎。王怪其大。曰。民猶以爲小也。言文王之民尚以爲小也。曰。寡人之囿方四十里。民猶以爲大。何也。王以爲文王在岐山之時。雖爲西伯。土地尚狹。而囿以大矣。今我地方千里。而囿小之。民以爲寡人之囿爲大。何故也。曰。文王之囿方七十里。蒭蕘者往焉。雉兔者往焉。與民同之。民以爲小。不亦宜乎。蒭蕘者。取蒭薪之賤人也。雉兔獵人。取雉兔者。言文王聽民往取禽獸。刈其蒭薪。民苦其小。是其宜也。臣始至於境。問國之大禁。然後敢入。臣聞郊關之內有囿方四十里。殺其麋鹿者如殺人之罪。言王之政嚴刑重也。郊關。齊四境之郊皆有關。則是方四十里爲阱於國中。民以爲大。不亦宜乎。設陷阱者。不過丈尺之間耳。今王陷阱乃方四十里。民言其大。不亦宜乎。

齊宣王問曰。交鄰國有道乎。問與鄰國交接之道。孟子對曰。有。欲爲王陳古聖王之交也。惟仁者爲能以大事小。是故湯事葛。文王事昆夷。葛伯放而不祀。湯先助之祀。詩云。昆夷兌矣。惟其喙矣。謂文王也。是則聖人行仁政。能以大事小者也。惟智者爲能以小事大。故太王事獯鬻。句踐事吳。獯鬻。北狄彊者。今匈奴也。太王去邠避獯鬻。越王句踐退於會稽。身自官事吳王夫差。是則智者用智。是故以小事大。而全其國也。

以大事小者樂天者也以小事大者畏天者也樂天者保天下畏天者保其國詩云畏天之威于時保之

聖人樂行天道如天無不蓋也故保天下湯文是也智者量時畏天故保其國太王句踐是也詩周頌我將之篇言成王尚畏天之威於是時故能安其太平之道也

王曰大哉言矣寡人有疾寡人好勇

王謂孟子之言大不合於其意答之云寡人有疾在於好勇不能行聖賢之所履也

對曰王請無好小勇夫撫劍疾視曰彼惡敢當我哉此匹夫之勇敵一人者也

疾視惡視也撫劍瞋目曰人安敢當我哉此一匹夫之勇足以當一人之敵者也

王請大之詩云王赫斯怒爰整其旅以遏徂莒以篤周祜以對于天下此文王之勇也文王一怒而安天下之民

詩大雅皇矣之篇也言文王赫然斯怒於是整其師旅以遏止往伐莒者以篤周家之福以揚名於天下文王一怒而安民願王慕其大勇無論匹夫之小勇而已

書曰天降下民作之君作之師惟曰其助上帝寵之四方有罪無罪惟我在天下曷敢有越厥志

書尚書逸篇也言天生下民爲作君爲作師以助天光寵之也四方善惡者在己所謂在予一人天下何敢有越其志者也

一人衡行於天下武王恥之此武王之勇也

衡橫也武王恥天下一人有橫行不順天道者故伐紂也

而武王亦一怒而安天下之民今王亦一怒而安天下之民民惟恐王之不好勇也

孟子言武王好勇亦則文王一怒而安天下之民也今王好勇亦則武王一怒而安天下之民民恐王之不好勇耳王何爲欲小勇而自謂有疾也

齊宣王見孟子於雪宮王曰賢者亦有此樂乎

雪宮離宮之名也宮中有苑囿臺池之飾禽獸之饒王自多有此樂故問曰賢者亦有此之樂乎

孟子對曰有人不得則非其上矣不得而非其上者非也爲民上而不與民同樂者亦非也

有人不得其志也不責己仁義不自脩而責上之不用己此非君子之道人君適情從欲獨樂其身而不與民同樂亦非在上不驕之義也

樂民之樂者民亦樂其樂憂民之憂者民亦憂其憂

言民之所樂君與之同故民亦樂使其君有樂也民之所憂者君亦助之憂故民亦能憂君之憂爲之赴難也

樂以天下憂以天下然而不王者未之有也

言古賢君樂則以己之樂與天下同之憂則以天下之憂與己共之如是未有不王者孟子以是答王者言雖有此樂未能與人共之

昔者齊景公問於晏子曰吾欲觀於轉附朝儛遵海而南放於琅邪吾何脩而可以比於先王觀也

孟子言往者齊景公嘗問其相晏子若此也轉附朝儛皆山名也又言朝水名也遵循也放至也循海而南至於琅邪琅邪齊東境上邑也當何脩治可以比先王之觀遊乎先王先聖王也

晏子對曰善哉問也天子適諸侯曰巡狩巡狩者巡所守也諸侯朝於天子曰述職述職者述所職也無非事者春省耕而補不足秋省斂而助不給

言天子諸侯出必因王事有所補助於民無非事而空行者也春省耕補耒耜之不足秋省斂助其力不給也

夏諺曰吾王不遊吾何以休吾王不豫吾何以助一遊一豫爲諸侯度

晏子道夏禹之世民之諺語也言王者巡狩觀民其行從容若遊若豫豫亦遊也遊亦豫也春秋傳曰魯季氏有嘉樹晉范宣子豫焉吾王不遊吾何以得見勞苦蒙休息也吾王不豫我何以得見賑贍助不足也王者一遊一豫行恩布德應法而出可以爲諸侯之法度也

今也不然師行而糧食饑者弗食勞者弗息睊睊胥讒民乃作慝

今也者晏子言今時天下之民人君行師興軍皆運轉糧食而食之有饑不得飽食者勞者致重亦不得休息在位在職者又睊睊側目相視更相讒惡民由是化之而作其慝惡也

方命虐民飲食若流流連荒亡爲諸侯憂

方猶逆也逆先王之命但爲虐民之政恣意飲食若水流之無窮極也謂沈湎於酒熊蹯不熟怒而殺人之類也流連荒亡皆驕君之溢行也言王道虧諸侯行霸由當相匡正故爲諸侯憂也

從流下而忘反謂之流從流上而忘反謂之連從獸無厭謂之荒樂酒無厭謂之亡先王無流連之樂荒亡之行惟君所行也

言驕君放遊無所不爲或浮水而下樂而忘反謂之流若齊桓與蔡姬乘舟於囿之類也連引也使人徒引舟船上行而忘反以爲樂故謂之連書曰罔水行舟丹朱慢遊是好無水而行舟豈不引舟於水上而行乎此其類也從獸無厭若羿之好田獵無有厭極以亡其身故謂之荒亂也樂酒無厭若殷紂以酒喪國也故謂之亡言聖人之行無此四者惟君所欲行也晏子之意不欲使景公空遊於琅邪而無益於民也

景公說大戒於國出舍於郊於是始興發補不足

景公說晏子之言也戒備也大脩戒備於國出舍於郊示憂民困始興惠政發倉廩以賑貧困不足者也

召太師曰爲我作君臣相說之樂蓋徵招角招是也

太師樂師也徵招角招其所作樂章名也

其詩云畜君何尤畜君者好君也

其詩樂詩也言臣說君謂之好何尤者無過也孟子所以導晏子景公之事者欲以感喻宣王非其矜誇雪宮而欲以苦賢者

齊宣王問曰人皆謂我毀明堂毀諸已乎

謂泰山下明堂本周天子東巡狩朝諸侯之處也齊侵地而得有之人勸齊宣王諸侯不用明堂可毀壞故疑而問於孟子當毀之乎已止也

孟子對曰夫明堂者王者之堂也王欲行王政則

勿毀之矣。

言王能行王道者，則可無毀也。

王曰：「王政可得聞與？」

王言王政當何施，其法寧可得聞。

對曰：「昔者文王之治岐也，耕者九一，仕者世祿，關市譏而不征，澤梁無禁，罪人不孥。

言往者文王爲西伯時，始行王政，使岐民脩井田，八家耕八百畝，其百畝者以爲公田及廬井，故曰九一也。紂時稅重，文王復行古法也。仕者世祿，賢者子孫必有土地。關以譏難非常，不征稅也。陂池魚梁不設禁，與民共之也。孥，妻子也。詩云：「樂爾妻孥。」罪人不孥，惡惡止其身，不及妻子也。

老而無妻曰鰥，老而無夫曰寡，老而無子曰獨，幼而無父曰孤。此四者，天下之窮民而無告者。文王發政施仁，必先斯四者。

言此四者，皆天下之窮民而文王常恤鰥寡存孤獨也。

詩云：『哿矣富人，哀此煢獨。』」

詩小雅正月之篇。哿，可也。詩人言居今之世，可矣富人，但憐憫此煢獨羸弱者耳。文王行政如此也。

王曰：「善哉言乎！」

善此王政之言。

曰：「王如善之，則何爲不行？」

孟子言王如善此王政，則何爲不行也。

王曰：「寡人有疾，寡人好貨。」

王言我有疾，疾於好貨，故不能行。

對曰：「昔者公劉好貨，詩云：『乃積乃倉，乃裹餱糧，于槖于囊。思戢用光。弓矢斯張，干戈戚揚，爰方啓行。』故居者有積倉，行者有裹糧也，然後可以爰方啓行。王如好貨，與百姓同之，於王何有？」

詩大雅公劉之篇也。乃積穀於倉，乃裹盛乾食之糧於槖囊也。思安民，故用有寵光也。戚，斧。揚，鉞也。又以武備之，曰方啓行道路。孟子言公劉好貨若此，王若則之，於王何有不可也。

王曰：「寡人有疾，寡人好色。」

王言我有疾，疾於好色，不能行也。

對曰：「昔者太王好色，愛厥妃。詩云：『古公亶父，來朝走馬，率西水滸，至於岐下，爰及姜女，聿來胥宇。』當是時也，內無怨女，外無曠夫。王如好色，與百姓同之，於王何有？」

詩大雅緜之篇也。亶父，太王名也，號稱古公。來朝走馬，遠避狄難，去惡疾也。率，循也。滸，水涯也。循西方水滸，來至岐山下也。姜女，太王妃也。於是與姜女俱來相土居也。言太王亦好色，非但與姜女俱行而已，普使一國男女無有怨曠。王如則之，與百姓同欲，皆使無過時之思，則於王之政何有不可乎。

孟子謂齊宣王曰：「王之臣有託其妻子於其友而之楚遊者，

假此言以爲喻。

比其反也則凍餒其妻子則如之何

言無友道當如之何

王曰棄之

言當棄之絕友道也

曰士師不能治士則如之何

士師獄官吏也不能治獄當如之何

王曰已之

已之者去之也

曰四境之內不治則如之何

境內之事王所當理不勝其任當如之何孟子以此動王心令戒懼也

王顧左右而言他

王慙而左右顧視道他事以荅此言也

孟子見齊宣王曰所謂故國者非謂有喬木之謂也

有世臣之謂也

故者舊也喬高也人所謂是舊國也者非但見其有高大樹木也當有累世脩德之臣常能輔其君以道乃爲舊國可法則也

王無親臣矣

今王無可親任之臣

昔者所進今日不知其亡也

言王取臣不詳審往日之所知今日爲惡當誅亡王無以名也

王曰吾何以識其不才而舍之

王言我當何以先知其不才而舍之不用也

曰國君進賢如不得已將使卑踰尊疏踰戚可不慎與

言國君欲進用人當留意考擇如使忽然不精心意而詳審之如不得已而取備官則將使尊卑疏戚相踰豈可不慎歟

左右皆曰賢未可也諸大夫皆曰賢未可也國人皆曰賢然後察之見賢焉然後用之

謂選乃臣隣比周之譽核其鄉原之徒論曰衆好之必察焉

左右皆曰不可勿聽諸大夫皆曰不可勿聽國人皆曰不可然後察之見不可焉然後去之

衆惡之必察焉惡直醜正寔繁有徒防其朋黨以毁忠正也

左右皆曰可殺勿聽諸大夫皆曰可殺勿聽國人皆曰可殺然後察之見可殺焉然後殺之故曰國人殺之也

言當慎行大辟之罪五聽三宥古者刑人於市與衆棄之

如此然後可以爲民父母

行此三慎之聽乃可以子畜百姓也

齊宣王問曰湯放桀武王伐紂有諸

有之否乎

孟子對曰於傳有之

於傳文有之矣

曰臣弑其君可乎

王問臣何以得弑其君豈可行乎

曰賊仁者謂之賊賊義者謂之殘殘賊之人謂之一夫聞誅一夫紂矣未聞弑君也

言殘賊仁義之道者雖位在王公將必降爲匹夫故謂之一夫也但聞武王誅一夫紂耳不聞弑君也書云獨夫紂此之謂也

孟子謂齊宣王曰爲巨室則必使工師求大木工師得大木則王喜以爲能勝其任也匠人斲而小之則王怒以爲不勝其任矣

巨室大宮也爾雅曰宮謂之室工師主工匠之吏匠人工匠之人也將以比喻之也

夫人幼而學之壯而欲行之王曰姑舍女所學而從我則何如

姑且也謂人少學先王之道壯大而仕欲施行其道而王止之曰且舍置汝所學而從我之教命此如何也

今有璞玉於此雖萬鎰必使玉人彫琢之至於治國家則曰姑舍女所學而從我則何以異於教玉人彫琢玉哉

二十兩爲鎰彫琢治飾玉也詩云彫琢其章雖有萬鎰在此言衆多也必須玉人能治之耳至於治國家而令從我是爲教玉人治玉也教人治玉不得其道則玉不得美好教人治國不以其道則何由能治乎

齊人伐燕勝之宣王問曰或謂寡人勿取或謂寡人取之以萬乘之國伐萬乘之國五旬而舉之人力不至於此不取必有天殃取之何如

萬乘非諸侯之號時燕國皆侵地廣大僭號稱王故曰萬乘五旬五十日也書曰朞三百有六旬言五旬未久而取之非人力乃天也天與不取懼有殃咎取之如何

孟子對曰取之而燕民悅則取之古之人有行之者武王是也

武王伐紂而殷民喜悅簞厥玄黃而來迎之是以取之也

取之而燕民不悅則勿取古之人有行之者文王是也

文王以三仁尚在樂師未奔取之懼殷民不悅故未取之也

以萬乘之國伐萬乘之國簞食壺漿以迎王師豈有他哉避水火也如水益深如火益熱亦運而已矣

燕人所以持簞食壺漿來迎王師者欲避水火難耳如其所患益甚則亦運行奔走而去矣今王誠能使燕民免於水火亦若武王伐紂殷民喜悅之則取之而已

齊人伐燕取之諸侯將謀救燕宣王曰諸侯多謀伐寡人者何以待之

宣王貪燕而取之，諸侯不義其事，將謀救燕伐齊。宣王懼而問之。

孟子對曰：臣聞七十里爲政於天下者，湯是也。未聞以千里畏人者也。

成湯脩德，以七十里而得天下。今齊地方千里，何畏懼哉。

書曰：湯一征，自葛始，天下信之。東面而征西夷怨，南面而征北狄怨，曰：奚爲後我？民望之若大旱之望雲霓也。歸市者不止，耕者不變，誅其君而弔其民，若時雨降，民大悅。書曰：徯我后，后來其蘇。

此二篇乃尚書逸篇之文也。言湯初征自葛始，誅其君，恤其民，天下信湯之德。面者，向也。東向征西夷怨者，去王城四千里，夷服之國也，故謂之四夷。言遠國思望聖化之甚也，故曰何爲後我。霓，虹也。雨則虹見，故大旱而思見之。徯，待也。后，君也。待我君來，則我蘇息而已。

今燕虐其民，王往而征之，民以爲將拯己於水火之中也，簞食壺漿以迎王師。若殺其父兄，係累其子弟，毀其宗廟，遷其重器，如之何其可也？

拯，濟也。係累，猶縛結也。燕民所以悅喜迎王師者，若濟救於水火之中耳。今又殘之若此，安可哉。

天下固畏齊之彊也，今又倍地而不行仁政，是動天下之兵也。

言天下諸侯素畏齊彊，今復幷燕一倍之地，以是行暴，則多所危，是動天下之兵共謀齊也。

王速出令，反其旄倪，止其重器，謀於燕衆，置君而後去之，則猶可及止也。

速，疾也。耄，老耄也。倪，弱小倪倪者也。孟子勸王急出令，先還其老小，止勿徙其寶重之器，與燕民謀，置所欲立君而去之。歸齊天下之兵，猶可及其未發而止之也。

鄒與魯鬨。穆公問曰：吾有司死者三十三人，而民莫之死也。誅之則不可勝誅，不誅則疾視其長上之死而不救，如之何則可也？

鬨，鬭聲也，猶構兵而鬭也。長上，軍帥也。鄒穆公忿其民不赴難，而問其罰當謂何則可也。

孟子對曰：凶年饑歲，君之民老弱轉乎溝壑，壯者散而之四方者，幾千人矣；而君之倉廩實，府庫充，有司莫以告，是上慢而殘下也。

言往者遭凶年之阨，民困如是，有司諸臣無告白於君有以振救之，是上驕慢以殘賊其下也。

曾子曰：戒之戒之！出乎爾者，反乎爾者也。

曾子有言：上所出善惡之命，下終反之，不可不戒也。

夫民今而後得反之也，君無尤焉。

尤，過也。孟子言百姓乃今得反報諸臣不哀矜耳，君無過責之也。

君行仁政，斯民親其上，死其長矣。

君行仁恩，憂民困窮，則民化而親其上，死其長矣。

滕文公問曰：滕，小國也，閒於齊楚。事齊乎？事楚乎？

文公言我居齊楚二國之閒，非其所事，不能自保也。

孟子對曰：是謀非吾所能及也。無已，則有一焉：鑿斯池也，築斯城也，與民守之，效死而民弗去，則是

可爲也

孟子以二大國之君曾不由禮義我不能知誰可事者也不得已則有一謀焉惟施德義以養民與之堅守城池至死使民不畔去則是可以爲也

滕文公問曰齊人將築薛吾甚恐如之何則可

齊人并得薛築其城以偪於滕故文公恐也

孟子對曰昔者大王居邠狄人侵之去之岐山之下居焉非擇而取之不得已也

大王非好岐山之下擇而居之焉迫不得已困於强暴故避之

苟爲善後世子孫必有王者矣

誠能爲善雖失其地後世乃有王者若周家也

君子創業垂統爲可繼也若夫成功則天也君如彼何哉强爲善而已矣

君子創業垂統貴令後世可繼續而行耳又何能必有成功成功乃天助之也君豈如彼齊何乎但當自强爲善法以遺後世而已矣

滕文公問曰滕小國也竭力以事大國則不得免焉如之何則可

問免難全國於孟子

孟子對曰昔者大王居邠狄人侵之事之以皮幣不得免焉事之以犬馬不得免焉事之以珠玉不得免焉

皮狐貉之裘幣繒帛之貨也

乃屬其耆老而告之曰狄人之所欲者吾土地也吾聞之也君子不以其所以養人者害人二三子何患乎無君我將去之去邠踰梁山邑于岐山之下居焉

屬會也土地生五穀所以養人也會長老告之如此而去之矣

邠人曰仁人也不可失也從之者如歸市

言樂隨大王如歸趨於市若將有得也

或曰世守也非身之所能爲也效死勿去君請擇於斯二者

或曰土地乃先人之所受世世守之非己之所能專爲至死不可去也欲令文公擇此二者惟所行也

魯平公將出嬖人臧倉者請曰他日君出則必命有司所之今乘輿已駕矣有司未知所之敢請

平謚也嬖人愛幸小人也

公曰將見孟子

平公敬孟子有德不敢請召將往就見之

曰何哉君所爲輕身以先於匹夫者以爲賢乎禮義由賢者出而孟子之後喪踰前喪君無見焉

匹夫一夫也臧倉言君何爲輕千乘而先匹夫乎以爲孟子賢故也賢者當行禮義而孟子前喪父

約後喪母，奢。君無見也。

公曰：諾。

諾，止不出。

樂正子入見，曰：君奚爲不見孟軻也？

樂正，姓也。子，通稱。孟子弟子也，爲魯臣，問公何爲不便見孟軻也。

曰：或告寡人曰孟子之後喪踰前喪，是以不往見也。

公言以此故也。

曰：何哉君所謂踰者？前以士，後以大夫；前以三鼎而後以五鼎與？

樂正子曰：君所謂踰者，前以士後以大夫，禮，士祭三鼎，大夫祭五鼎，故也。

曰：否，謂棺椁衣衾之美也。

公曰：不謂鼎數也，以其棺椁衣衾之美惡也。

曰：非所謂踰也，貧富不同也。

樂正子曰：此非薄父厚母，令母喪踰父也。喪父時爲士，喪母時爲大夫，大夫祿重於士，故使然，貧富不同也。

樂正子見孟子，曰：克告於君，君爲來見也。嬖人有臧倉者沮君，君是以不果來也。

克，樂正子名也。果，能也。曰：克告君以孟子之賢，君將欲來，臧倉者沮君，故君不能來也。

曰：行或使之，止或尼之。行止，非人所能也。吾之不遇魯侯，天也。臧氏之子焉能使予不遇哉？

尼，止也。孟子之意，以爲魯侯欲行，天使之矣；及其欲止，天令嬖人止之耳。行止天意，非人所能爲也。如使吾見魯侯，冀得行道，天欲使濟斯民也。故曰：吾之不遭遇魯侯，乃天所爲也。臧氏之子何能使我不遇哉？

孟子卷二

孟子卷三

漢太常京兆趙　岐註

明後學東吳金　蟠訂

公孫丑章句上

公孫丑者公孫姓丑名孟子弟子也丑有政事之才問管晏之功猶論語子路問政故以題篇

公孫丑問曰夫子當路於齊管仲晏子之功可復許乎

夫子謂孟子許猶興也如使夫子得當仕路於齊而可以行道管夷吾晏嬰之功寧可復興乎

孟子曰子誠齊人也知管仲晏子而已矣

誠實也子實齊人也但知二子而已豈復知王者之佐乎

或問乎曾西曰吾子與子路孰賢曾西蹴然曰吾先子之所畏也

曾西曾子之孫蹴然猶蹴踖也先子曾子也子路在四友故曾子畏敬之曾西不敢比

曰然則吾子與管仲孰賢曾西艴然不悅曰爾何曾比予於管仲

艴然慍怒色也何曾猶何乃也

管仲得君如彼其專也行乎國政如彼其久也功烈如彼其卑也爾何曾比予於是

曾西答或人言管仲得遇桓公使之專國政如彼行政於國其久如彼功烈卑陋如彼謂不率齊桓公行王道而行霸道故言卑也重言何曾比我恥見比之之甚也

曰管仲曾西之所不爲也而子爲我願之乎

孟子心狹曾西曾西尚不欲爲管仲而子爲我願之乎非丑之言小也

曰管仲以其君霸晏子以其君顯管仲晏子猶不足爲與

丑曰管仲輔桓公以霸道晏子相景公以顯名二子如此尚不可以爲邪

曰以齊王由反手也

孟子言以齊國之大而行王道其易若反手耳故譏管晏不勉其君以王業也

曰若是則弟子之惑滋甚且以文王之德百年而後崩猶未洽於天下武王周公繼之然後大行今言王若易然則文王不足法與

丑曰如是言則弟子惑益甚也文王尚不能及身而王何謂若易然也若是則文王不足以爲法邪

曰文王何可當也由湯至於武丁賢聖之君六七作天下歸殷久矣久則難變也武丁朝諸侯有天下猶運之掌也

武丁高宗也孟子言文王之時難爲功故言何可當也從湯以下聖賢之君六七興謂太甲太戊盤庚等也運之掌言其易也

紂之去武丁未久也其故家遺俗流風善政猶有存者又有微子微仲王子比干箕子膠鬲皆賢人也相與輔相之故久而後失之也尺地莫非其有也一民莫非其臣也然而文王猶方百里起是以

難也。紂得高宗餘化，又多良臣，故久乃亡也。微仲、膠鬲皆良臣也，但不在三仁中耳。文王當此時，故難也。

齊人有言曰：雖有智慧，不如乘勢；雖有鎡基，不如待時。今時則易然也。齊人諺言也。乘勢，居富貴之勢。鎡基，田器，耒耜之屬。待時，三農時也。今時易以行王化者也。

夏后殷周之盛，地未有過千里者也，而齊有其地矣；雞鳴狗吠相聞，而達乎四境，而齊有其民矣。地不改辟矣，民不改聚矣，行仁政而王，莫之能禦也。三代之盛，封畿千里耳。今齊地士民以足矣，不更辟土聚民也。雞鳴狗吠相聞，言民室屋相望而衆多也。以此行仁而王，誰能止之也。

且王者之不作，未有疏於此時者也；民之憔悴於虐政，未有甚於此時者也。饑者易爲食，渴者易爲飲。孔子曰：德之流行，速於置郵而傳命。言王政不興久矣，民患虐政甚矣，若饑者食易爲美，渴者飲易爲甘。德之流行，疾於置郵傳書命也。

當今之時，萬乘之國行仁政，民之悅之，猶解倒懸也。故事半古之人，功必倍之，惟此時爲然。倒懸，喻困苦也。當今所施恩惠之事，半於古人，而功倍之矣，言今行之易也。

公孫丑問曰：夫子加齊之卿相，得行道焉，雖由此霸王不異矣。如此，則動心否乎？加猶居也。丑問孟子，如使夫子得居齊卿相之位，行其道德，雖用此臣位輔君行之，亦不異於古霸王之君矣。如是，寧動心畏難自恐不能行否耶？丑以此爲大道不易，人當恐懼之，不敢欲行也。

孟子曰：否。我四十不動心。孟子言禮四十強而仕，我志氣已定，不妄動心有所畏也。

曰：若是，則夫子過孟賁遠矣。丑曰：若此，夫子志氣堅勇過孟賁。孟賁，勇士也。孟子勇於德。

曰：是不難，告子先我不動心。孟子言是不難也。告子之勇，未四十而不動心矣。

曰：不動心有道乎？丑問不動心之道云何。

曰：有。孟子欲爲言之。

北宮黝之養勇也，不膚撓，不目逃，思以一豪挫於人，若撻之於朝市；不受於褐寬博，亦不受於萬乘之君；視刺萬乘之君，若刺褐夫；無嚴諸侯，惡聲至，必反之。北宮，姓；黝，名也。人刺其肌膚，不爲撓却；刺其目，目不轉睛逃避之矣。人拔一毛，若見挫捷於市朝之中矣。褐寬博，獨夫被褐者。嚴，尊也。無有尊嚴諸侯可敬者也，以惡聲加己，己必惡聲報之。言所養育勇氣如是也。

孟施舍之所養勇也，曰：視不勝猶勝也。量敵而後進，慮勝而後會，是畏三軍者也。舍豈能爲必勝哉？

能無懼而已矣
孟姓舍名施發音也施舍自言其名則但曰舍舍豈能為必勝哉要不恐懼而已也以為量敵少而進慮勝者足勝乃會若此長三軍之衆者耳非勇者也

孟施舍似曾子北宮黝似子夏夫二子之勇未知其孰賢然而孟施舍守約也
孟子以為曾子長於孝孝百行之本子夏知道雖衆不如曾子孝之大也故以舍譬曾子黝譬子夏以施舍要之以不懼為約要也

昔者曾子謂子襄曰子好勇乎吾嘗聞大勇於夫子矣自反而不縮雖褐寬博吾不惴焉自反而縮雖千萬人吾往矣孟施舍之守氣又不如曾子之守約也
子襄曾子弟子也夫子謂孔子也縮義也惴懼也詩云惴惴其慄曾子謂子襄言孔子告我大勇之道人加惡於己己內自省有不義不直之心雖敵人被褐寬博一夫不當輕驚懼之也自省有義雖敵家千萬人我直往突之言義之強也施舍雖守勇氣不如曾子守義之為約也

曰敢問夫子之不動心與告子之不動心可得聞與
丑曰不動心之勇其意豈可得聞與

告子曰不得於言勿求於心不得於心勿求於氣不得於心勿求於氣可不得於言勿求於心不可
不得者不得人之善心善言也求者取也告子為人勇而無慮不原其情人有不善之言加於己不復取其心有善也直怒之矣孟子以為不可也告子知人之有惡心雖以善辭氣來加己亦直怒之矣孟子以為是則可言人當以心為正也告子非純賢其不動心之事一可用一不可用也

夫志氣之帥也氣體之充也
志心所念慮也氣所以充滿形體為喜怒也志帥氣而行之度其可帥也

夫志至焉氣次焉
志為至要之本氣為其次焉

故曰持其志無暴其氣
暴亂也言志所嚮氣隨之當正持其志無亂其氣妄以喜怒加人也

既曰志至焉氣次焉又曰持其志無暴其氣者何也
丑問暴亂其氣云何

曰志壹則動氣氣壹則動志也今夫蹶者趨者是氣也而反動其心
孟子言壹者志氣閉而為壹也志閉塞則氣不行氣閉塞則志不通蹶者相動今夫行而蹶者氣閉不能自持故志氣顛倒顛倒之間無不動心而恐矣則志氣之相動也

敢問夫子惡乎長
丑問孟子才志所長何等

曰我知言我善養吾浩然之氣
孟子云我聞人言能知其情所趨我能自養育我之所有浩然之大氣也

敢問何謂浩然之氣

丑問浩然之氣狀如何。

曰難言也其爲氣也至大至剛以直養而無害則塞于天地之間

言此至大至剛正直之氣也然而貫洞纖微治於神明故言之難也養之以義不以邪事干害之則可使滋蔓塞滿天地之間布施德教無窮極也

其爲氣也配義與道無是餒也

重說是氣言此氣與道義相配偶俱行義謂仁義可以立德之本也道無形而生於有形舒之彌六合卷之不盈握包落天地稟受羣生者也言能養道氣而行義理常以充滿五臟若其無此則腹腸饑虛若人之餒餓也

是集義所生者非義襲而取之也

集雜也密聲取敵曰襲言此浩然之義雜生從內而出人生受氣所自有

行有不慊於心則餒矣

慊快也自省所行仁義不備干害浩氣則心腹饑餒矣

我故曰告子未嘗知義以其外之也

孟子曰仁義皆出於內而告子嘗以爲仁內義外故言其未嘗知義也

必有事焉而勿正心勿忘勿助長也

言人行仁義之事必有福在其中而勿正但以爲福故爲義也但心勿忘其爲福而亦勿汲汲助長其福也汲汲則似宋人也

無若宋人然宋人有閔其苗之不長而揠之者芒芒然歸謂其人曰今日病矣予助苗長矣其子趨而往視之苗則槁矣

揠挺拔之欲亟長也病罷也芒芒然罷倦之貌其人家人也其子揠苗者之子也趨走也槁乾枯也以喻人之情邀福者必有害若欲急長苗而反使之枯死也

天下之不助苗長者寡矣以爲無益而捨之者不耘苗者也助之長者揠苗者也非徒無益而又害之

天下人行善者皆欲速得其福恬然者少也以爲福祿在天求之無益舍置仁義不求爲善是由農夫任天不復耘治其苗也其遲福欲急得之者由此揠苗人也非徒無益於苗乃反害之言告子外義常恐其行義欲急得其福故爲丑言人之行當內治善不當急求其福亦若此揠苗者矣

何謂知言

丑問知言之意何謂

曰詖辭知其所蔽淫辭知其所陷邪辭知其所離遁辭知其所窮

孟子曰人有險詖之言引事以褒人若賓孟言雄雞自斷其尾之事能知其欲以譽子朝蔽子猛也有淫美不信之辭若驪姬勸晉獻公與申生之事能知欲以陷害之也有邪辟不正之辭若豎牛勸仲壬賜環之事能知其欲行譖毀以離之於叔孫也有隱遁之辭若秦客之廋辭於朝能知其欲以窮晉諸大夫也若此四者之類我聞能知其所趨也

生於其心害於其政發於其政害於其事聖人復起必從吾言矣

生於其心譬若人君有好殘賊嚴酷心必妨害仁政不得行之也發於其政者若出令欲以非時田

饑樂作宮室必妨害民之農事使百姓有饑寒之患也吾見其端欲防而止之如使聖人復興必從我言也

宰我子貢善爲說辭冉牛閔子顏淵善言德行孔子兼之曰我於辭命則不能也

言人各有能我於辭言教命則不能如二子

然則夫子既聖矣乎

丑見孟子但言不能辭命不言不能德行謂孟子欲自比孔子故曰夫子既已聖矣乎

曰惡是何言也昔者子貢問於孔子曰夫子聖矣乎孔子曰聖則吾不能我學不厭而教不倦也子貢曰學不厭智也教不倦仁也仁且智夫子既聖矣乎夫聖孔子不居是何言也

惡者不安事之歎辭也孟子答丑言往者子貢孔子相答如此孔子尚不敢安居於聖我何敢自謂爲聖故再言是何言也

昔者竊聞之子夏子游子張皆有聖人之一體冉牛閔子顏淵則具體而微

體者四肢股肱也孟子言昔日竊聞師言也丑方問欲知孟子之德故謙辭言竊聞也一體者得一肢也具體者四肢皆具微小也比聖人之體微小耳體以喻德也

敢問所安

丑問孟子所安比也

曰姑舍是

姑且也孟子曰且置是我不願比也

曰伯夷伊尹何如

丑曰伯夷之行何如孟子心可願比伯夷否

曰不同道

言伯夷之行不與孔子伊尹同道也

非其君不事非其民不使治則進亂則退伯夷也

非其君非己所好之君也非其民不以正道而得民伯夷不願使之故謂之非其民也

何事非君何使非民治亦進亂亦進伊尹也

伊尹曰事非其君者何傷也使非其民者何傷也要欲爲天理物冀得行道而已矣

可以仕則仕可以止則止可以久則久可以速則速孔子也

止處也久留也速疾去也

皆古聖人也吾未能有行焉乃所願則學孔子也

此皆古之聖人我未能有所行若此乃言我心之所庶幾則願欲學孔子所履進退無常量時爲宜也

伯夷伊尹於孔子若是班乎

班齊等之貌也丑嫌伯夷伊尹與孔子相比問此三人之德班然而等乎

曰否自有生民以來未有孔子也

孟子曰不等也從有生民以來非純聖人則未有與孔子齊德也

然則有同與

丑曰：然則此三人有同者邪？

曰：有得百里之地而君之，皆能以朝諸侯有天下。行一不義、殺一不辜而得天下，皆不爲也。是則同。

孟子曰：此三人君國，皆能使鄰國諸侯尊敬其德而朝之，不以其義得之，皆不爲也。是則孔子同之矣。

曰：敢問其所以異。

丑問孔子與二人異謂何。

曰：宰我、子貢、有若，智足以知聖人，汙不至阿其所好。

孟子曰：宰我等三人之智，足以識聖人。汙，下也。言三人雖小汙不平，亦不至阿其所好以非其事。阿私所愛而空譽之，其言有可用者，欲爲丑陳三子之道孔子也。

宰我曰：以予觀於夫子，賢於堯舜遠矣。

予，宰我名也。以爲孔子賢於堯舜，以孔子但爲聖不王天下，而能制作素王之道，故美之。如使當堯舜之世，觀於制度，賢之遠矣。

子貢曰：見其禮而知其政，聞其樂而知其德，由百世之後，等百世之王，莫之能違也。自生民以來，未有夫子也。

見其制作之禮，知其政之可以致太平也；聽聞其雅頌之樂，而知其德之可與文武同也。春秋外傳曰：五聲昭德。言五音之樂聲可以明德也。從孔子後百世上推，等其德於前百世之聖王，無能違離孔子道者。自從生民以來，未有能備若孔子也。

有若曰：豈惟民哉？麒麟之於走獸，鳳凰之於飛鳥，泰山之於丘垤，河海之於行潦，類也。聖人之於民，亦類也。出於其類，拔乎其萃，自生民以來，未有盛於孔子也。

垤，蟻封也。行潦，道傍流潦也。萃，聚也。有若以爲萬類之中，各有殊異，至於人類，卓絕未有盛美過於孔子者也。若三子之言，孔子所以異於伯夷、伊尹也。夫聖人之道，同符合契，前聖後聖，其揆一也，不得相踰。云生民以來無有者，此三人皆孔子弟子，緣孔子聖德高美而盛稱之也。孟子知其言大過，故貶謂之汙下，但不以無爲有耳。因事則褒，辭在其中矣，亦以明師徒之義，得相褒揚也。

孟子曰：以力假仁者霸，霸必有大國；以德行仁者王，王不待大。湯以七十里，文王以百里。

言霸者以大國之力，假仁義之道，然後能霸，若齊桓、晉文等是也。以己之德，行仁政於民，小國則可以致王，若湯、文王是也。

以力服人者，非心服也，力不贍也；以德服人者，中心悅而誠服也，如七十子之服孔子也。

贍，足也。以己力不足而往服就於人，非心服者也。以己德不如彼而往服從之，誠心服者也。如顏淵、子貢等之服於仲尼，心服者也。

詩云：自西自東，自南自北，無思不服。此之謂也。

詩大雅文王有聲之篇，言從四方來者，無思不服武王之德。此亦心服之謂也。

孟子曰：仁則榮，不仁則辱。今惡辱而居不仁，是猶惡濕而居下也。

行仁政則國昌而民安得其榮樂行不仁則國破民殘蒙其恥辱惡辱而行不仁譬由惡濕而居卑下近水泉之地也

如惡之莫如貴德而尊士賢者在位能者在職

諸侯如惡辱之來則當貴德以治身尊士以敬人使賢者居位官得其人能者居職人任其事也

國家閒暇及是時明其政刑雖大國必畏之矣

及無鄰國之虞以是閒暇之時明脩其政教審其刑罰雖天下大國必來畏服

詩云迨天之未陰雨徹彼桑土綢繆牖戶今此下民或敢侮予孔子曰爲此詩者其知道乎能治其國家誰敢侮之

詩邠風鴟鴞之篇迨及徹取也桑土桑根也言此鴟鴞小鳥猶尚知及天未陰雨而取桑根之皮以纏綿牖戶人君能治國家誰敢侮之刺邠君曾不如此鳥孔子善之故謂此詩知道也

今國家閒暇及是時般樂怠敖是自求禍也禍福無不自己求之者

般大也孟子傷今時之君國家適有閒暇且以大作樂怠惰敖遊不脩政刑是以見侵而不能距皆自求禍者也

詩云永言配命自求多福

詩大雅文王之篇永長言我也長我周家之命配當善道皆內自求責故有多福也

太甲曰天作孽猶可違自作孽不可活此之謂也

殷王太甲言天之妖孽尚可違避譬若高宗雊雉宋景守心之變皆可以德消去也自己作孽者若帝乙慢神震死是爲不可活故若此之謂也

孟子曰尊賢使能俊傑在位則天下之士皆悅而願立於其朝矣

俊美才出衆者也萬人者稱傑

市廛而不征法而不廛則天下之商皆悅而願藏於其市矣

廛市宅也古者無征衰世征之王制曰市廛而不稅周禮載師曰國宅無征法而不廛者當以什一之法征其地耳不當征其廛宅也

關譏而不征則天下之旅皆悅而願出於其路矣

言古之設關但譏禁異言識異服耳不征稅出入者也故王制曰古者關譏而不征周禮太宰曰九賦七曰關市之征司關曰國凶札則無關門之征猶譏王制謂文王以前也文王治岐關譏而不征周禮有征者謂周公以來孟子欲今復古之征使天下行旅悅之也

耕者助而不稅則天下之農皆悅而願耕於其野矣

助者井田什一助佐公家治公田不橫稅賦若履畝之類

廛無夫里之布則天下之民皆悅而願爲之氓矣

里居也布錢也夫一夫也周禮載師曰宅不毛者有里布田不耕者有屋粟凡民無職事者出夫家之征孟子欲使寬獨夫去里布則百姓樂爲之氓矣氓者謂其民也

信能行此五者則鄰國之民仰之若父母矣率其子弟攻其父母自生民以來未有能濟者也

今諸侯誠能行此五事四鄰之民仰望而愛之如父母矣鄰國之君欲將其民來伐之譬若率勉人

子弟使自攻其父母自生民以來何能以此濟成其欲也

如此則無敵於天下無敵於天下者天吏也然而不王者未之有也

言諸侯所行能如此者何敵之有是為天吏天吏者天使之也為政當為天所使誅伐無道故謂之天吏也

孟子曰人皆有不忍人之心

言人人皆有不忍加惡於人之心也

先王有不忍人之心斯有不忍人之政矣以不忍人之心行不忍人之政治天下可運之掌上

先聖王推不忍害人之心以行不忍傷民之政以是治天下易於轉丸於掌上也

所以謂人皆有不忍人之心者今人乍見孺子將入於井皆有怵惕惻隱之心非所以內交於孺子之父母也非所以要譽於鄉黨朋友也非惡其聲而然也

乍暫也孺子未有知之小子所以言人皆有是心凡人暫見小孺子將入井賢愚皆有驚駭之情情發於中非為人也非惡有不仁之聲名故為之怵惕者而然也

由是觀之無惻隱之心非人也無羞惡之心非人也無辭讓之心非人也無是非之心非人也

言無此四者當若禽獸非人心耳為人則有之矣凡人但不能演用為行耳

惻隱之心仁之端也羞惡之心義之端也辭讓之心禮之端也是非之心智之端也

端者首也人皆有仁義禮智之首可引用之

人之有是四端也猶其有四體也有是四端而自謂不能者自賊者也

自謂不能為善自賊害其性使不為善也

謂其君不能者賊其君者也

謂君不能為善而不匡正者賊其君使陷惡也

凡有四端於我者知皆擴而充之矣若火之始然泉之始達苟能充之足以保四海苟不充之不足以事父母

擴廓也凡有四端在於我者知皆廓而充大之若火泉之始微小廣大之則無所不至以喻人之四端也人誠能充大之可保安四海之民誠不充大之內不足以事父母言無仁義禮智何以事父母也

孟子曰矢人豈不仁於函人哉矢人惟恐不傷人函人惟恐傷人巫匠亦然故術不可不慎也

矢箭也函甲也周禮曰函人為甲作箭之人其性非獨不仁於作甲之人也術使之然巫欲祝活人匠梓匠作棺欲其蚤售利在於人死也故治術當慎修其善者也

孔子曰里仁為美擇不處仁焉得智

里居也仁最其美者也夫簡擇不處仁為不智

夫仁天之尊爵也人之安宅也莫之禦而不仁是

不智也

爲仁則可以長天下故曰天所以假人尊爵也居之則安無止之者而人不能知入是仁道者又安得爲之智乎

不仁不智無禮無義人役也

若此爲人所役者也

人役而恥爲役由弓人而恥爲弓矢人而恥爲矢也

治其事而恥其業者惑也

如恥之莫如爲仁

如其恥爲人役而爲仁仁則不爲人役也

仁者如射射者正己而後發發而不中不怨勝己者反求諸己而已矣

以射喻人爲仁不得其報當反責己之仁恩有所未至也不怨勝己者

孟子曰子路人告之以有過則喜禹聞善言則拜

子路樂聞其過過而能改也尚書曰禹拜善言

大舜有大焉善與人同舍己從人樂取於人以爲善

大舜虞帝也孔子稱曰巍巍故言大舜有大焉能舍己從人故爲大也於子路與禹同者也

自耕稼陶漁以至爲帝無非取於人者取諸人以爲善是與人爲善者也故君子莫大乎與人爲善

舜從耕於歷山及其陶漁皆取人之善謀而從之故曰莫大乎與人爲善

孟子曰伯夷非其君不事非其友不友不立於惡人之朝不與惡人言立於惡人之朝與惡人言如以朝衣朝冠坐於塗炭推惡惡之心思與鄉人立其冠不正望望然去之若將浼焉

伯夷孤竹君之長子讓國而隱居者也塗泥炭墨也浼汙也思念也與鄉人立見其冠不正望望然慚愧之貌也去之恐其汙己也

是故諸侯雖有善其辭命而至者不受也不受也者是亦不屑就已

屑潔也詩云不我屑已伯夷不潔諸侯之行故不忍就見也殷之末世諸侯多不義故不就之後乃歸於西伯也

柳下惠不羞汙君不卑小官進不隱賢必以其道遺佚而不怨阨窮而不憫故曰爾爲爾我爲我雖袒裼裸裎於我側爾焉能浼我哉

柳下惠魯公族大夫也姓展名禽字季柳下是其號也進不隱己之賢才必欲行其道也憫懣也善己而已惡人何能汙於我邪

故由由然與之偕而不自失焉援而止之而止援而止之而止者是亦不屑去已

由由浩浩之貌不憚與惡人同朝並立偕俱也與之偕行於朝何傷但不失己之正心而已耳援而止之謂三黜不慚去也是柳下惠不以去爲潔也

孟子曰伯夷隘柳下惠不恭隘與不恭君子不由也

伯夷隘懼人之汚來及己故無所含容言其太隘狹也柳下惠輕忽時人禽獸畜之無欲彈正之心言其大不恭敬也聖人之道不取於此故曰君子不由也先言二人之行孟子乃評之耳

孟子卷三

孟子卷四

漢太常京兆趙　岐註

明後學東吳金　蟠訂

公孫丑章句下

孟子曰天時不如地利地利不如人和三里之城七里之郭環而攻之而不勝夫環而攻之必有得天時者矣然而不勝者是天時不如地利也

天時謂時日支干五行旺相孤虛之屬也地利險阻城池之固也人和得民心之所和樂也環城圍之必有得天時之善處者然而城有不下是不如地利

城非不高也池非不深也兵革非不堅利也米粟非不多也委而去之是地利不如人和也

有堅強如此而破之走者不得民心民不爲守衛懿公之民曰君其使鶴戰余焉能戰是也

故曰域民不以封疆之界固國不以山谿之險威天下不以兵革之利

域民居民也不以封疆之界禁之使懷德也不依險阻之固恃仁惠也不馮兵革之威仗其道德而已矣

得道者多助失道者寡助寡助之至親戚畔之多助之至天下順之以天下之所順攻親戚之所畔故君子有不戰戰必勝矣

得道之君何鄉不平君子之道貴不戰耳如其當戰戰則勝矣

孟子將朝王王使人來曰寡人如就見者也有寒疾不可以風朝將視朝不識可使寡人得見乎

孟子雖仕齊處師賓之位以道見敬或稱以病未嘗趨朝而拜也王欲見之先朝使人往謂孟子云寡人如就見者若言就孟子之館相見也有惡寒之疾不可見風儻可來朝欲力疾臨視朝因得見孟子也不知可使寡人得相見否

孟子對曰不幸而有疾不能造朝

孟子不悅王之欲使朝故稱其有疾而拒之也

明日出弔於東郭氏公孫丑曰昔者辭以病今日弔或者不可乎

東郭氏齊大夫家也昔者昨日也丑以爲不可

曰昔者疾今日愈如之何不弔

孟子言我昨日病今日愈我何爲不可以弔

王使人問疾醫來

王以孟子實病遣人將醫來且問疾也

孟仲子對曰昔者有王命有采薪之憂不能造朝今病小愈趨造於朝我不識能至否乎

孟仲子孟子之從昆弟從學於孟子者也權辭以對如此憂病也曲禮云有負薪之憂

使數人要於路曰請必無歸而造於朝

仲子使數人要告孟子君命宜敬當必造朝也

不得已而之景丑氏宿焉

孟子迫於仲子之言不得已而心不欲至朝因之其所知齊大夫景丑之家而宿焉具以語景丑氏耳。

景子曰：內則父子，外則君臣，人之大倫也。父子主恩，君臣主敬。丑見王之敬子也，未見所以敬王也。

景丑責孟子不敬何義也。

曰：惡！是何言也！齊人無以仁義與王言者，豈以仁義為不美也？其心曰「是何足與言仁義也」云爾，則不敬莫大乎是。

曰惡者深嗟歎云景子之責我何言乎今人皆謂王無知不足與言仁義云爾絕語之辭也人之不敬莫大於是者也。

我非堯舜之道不敢以陳於王前，故齊人莫如我敬王也。

孟子言我每見王常陳堯舜之道以勸勉王齊人豈有如我敬王者也。

景子曰：否，非此之謂也。禮曰：「父召無諾，君命召不俟駕。」固將朝也，聞王命而遂不果，宜與夫禮若不相似然。

景子曰非謂不陳堯舜之道謂為臣固自當朝也今有王命而不果行果能也禮父召無諾無諾而不至也君命召輦車就牧不坐待駕而夫子若是事宜與夫禮若不相似然乎愚竊惑也。

曰：豈謂是與？曾子曰：「晉楚之富，不可及也。彼以其富，我以吾仁；彼以其爵，我以吾義，吾何慊乎哉？」夫豈不義而曾子言之？是或一道也。

孟子答景丑云我豈謂是君臣召呼之間乎謂王不禮賢下士故道曾子之言自以不慊晉楚之君慊少也曾子豈嘗言不義之事邪是或者自得道之一義欲以喻王猶晉楚我猶曾子我豈輕於王乎。

天下有達尊三：爵一，齒一，德一。朝廷莫如爵，鄉黨莫如齒，輔世長民莫如德。惡得有其一以慢其二哉？

三者天下之所通尊也孟子謂賢者長也有德有齒人君無德但有爵耳故云何得以一慢二乎。

故將大有為之君，必有所不召之臣，欲有謀焉則就之。其尊德樂道不如是，不足與有為也。

言古之大聖大賢有所興為之君必就大賢臣而謀事不敢召也王者師臣霸者友臣也。

故湯之於伊尹，學焉而後臣之，故不勞而王；桓公之於管仲，學焉而後臣之，故不勞而霸。

言師臣者王桓公能師臣而管仲不勉之於王故孟子於上章陳其義譏其烈之卑。

今天下地醜德齊，莫能相尚，無他，好臣其所教，而不好臣其所受教。

醜類也言今天下之人君土地相類德教齊等不能相絕者無他但好臣其所教敕役使之才可驕者耳不能好臣大賢可從而受教者也。

湯之於伊尹，桓公之於管仲，則不敢召。管仲且猶不可召，而況不為管仲者乎？

孟子自謂不爲管仲，故非齊王之召己也，是以不往而朝見於齊王也。

陳臻問曰：前日於齊王餽兼金一百而不受，於宋餽七十鎰而受，於薛餽五十鎰而受。前日之不受是，則今日之受非也；今日之受是，則前日之不受非也。夫子必居一於此矣。

陳臻，孟子弟子。兼金，好金也，其價兼倍於常者，故謂之兼金。一百，百鎰也。古者以一鎰爲一金，一鎰是爲二十四兩也，故云兼金一百，百鎰也。

孟子曰：皆是也。當在宋也，予將有遠行，行者必以贐，辭曰：餽贐。予何爲不受？

贐，送行者贈賄之禮也，時人謂之贐。

當在薛也，予有戒心，辭曰：聞戒，故爲兵餽之。予何爲不受？

戒，有戒備不虞之心也。時有惡人欲害孟子，孟子戒備。薛君曰：聞有戒，此金可鬻以作兵備，故餽之。

我何爲不受也。

若於齊，則未有處也。無處而餽之，是貨之也。焉有君子而可以貨取乎？

我在齊時無事，於義未有所處也。義無所處而餽之，是以貨財取我，欲使我懷惠也。安有君子而可以貨財見取之乎？是其禮當其可也。

孟子之平陸，謂其大夫曰：子之持戟之士，一日而三失伍，則去之否乎？

平陸，齊之邑也。大夫，治邑大夫也。持戟，戟士也。一日三失其行伍，則去之否乎？去之，殺之也，以昭果毅。

曰：不待三。

大夫曰：一失之則行罰，不及待三失伍也。

然則子之失伍也亦多矣。凶年饑歲，子之民老羸轉於溝壑，壯者散而之四方者幾千人矣。

轉，轉尸於溝壑也。此則子之失伍也。

曰：此非距心之所得爲也。

距心，大夫名。曰此乃齊王之大政，不肯賑窮，非我所得專爲也。

曰：今有受人之牛羊而爲之牧之者，則必爲之求牧與芻矣。求牧與芻而不得，則反諸其人乎？抑亦立而視其死與？

牧，牧地。以此喻距心不得自專，何不致爲臣而去乎？何爲立視民之死也？

曰：此則距心之罪也。

距心自知以不去位爲罪者也。

他日，見於王曰：王之爲都者，臣知五人焉。知其罪者，惟孔距心。爲王誦之。王曰：此則寡人之罪也。

孔，姓也。爲都，治都也。邑有先君之宗廟曰都。誦，言也。爲王言孔距心語者也。王知本之在己，故受其罪也。

孟子謂蚳鼃曰：子之辭靈丘而請士師，似也，爲其可

以言也今既數月矣未可以言與

蚳鼃齊大夫靈邱齊下邑士師治獄官也周禮士師曰以五戒先後刑罰無使罪麗於民孟子見蚳鼃辭外邑大夫請爲士師知其欲近王以諫正刑罰之不中者數月而不言故曰未可以言歟以感責之也

蚳鼃諫於王而不用致爲臣而去

三諫不用致仕而去

齊人曰所以爲蚳鼃則善矣所以自爲則吾不知也

齊人論者譏孟子爲蚳鼃謀使之諫不用而去則善矣不知自諫不用而不去故曰我不見其自爲謀者

公都子以告

公都子孟子弟子也以齊人語告孟子也

曰吾聞之也有官守者不得其職則去有言責者不得其言則去我無官守我無言責也則吾進退豈不綽綽然有餘裕哉

官守居官守職者言責獻言之責諫諍之官也孟子言人臣居官不得守其職諫正君不見納者皆當致仕而去今我居師賓之位進退自由豈不綽綽然舒緩有餘裕乎綽裕皆寬也

孟子爲卿於齊出弔於滕王使蓋大夫王驩爲輔行王驩朝暮見反齊滕之路未嘗與之言行事也

孟子嘗爲齊卿出弔於滕君蓋齊下邑也王以治蓋之大夫王驩爲輔行輔副使也王驩齊之諂人有寵於齊後爲右師孟子不悅其爲人雖與同使而行未嘗與之言行事不願與之相比也

公孫丑曰齊卿之位不爲小矣齊滕之路不爲近矣反之而未嘗與言行事何也

丑怪孟子不與驩議行事也

曰夫既或治之予何言哉

既已也或有也孟子曰夫人既自謂有治行事我將復何言哉言其專知自善不知諮於人也蓋言道不合者故不相與言所以有是而言之也已

孟子自齊葬於魯反於齊止於嬴充虞請曰前日不知虞之不肖使虞敦匠事嚴虞不敢請今願竊有請也木若以美然

孟子仕於齊喪母而歸葬於魯也嬴齊南邑充虞孟子弟子敦匠厚作棺也事嚴喪事急木若以泰美然也

曰古者棺椁無度中古棺七寸椁稱之自天子達於庶人非直爲觀美也然後盡於人心

孟子言古者棺椁厚薄無尺寸之度中古謂周公制禮以來棺七寸椁薄於棺厚薄相稱相得也從天子至於庶人厚薄皆然但重累之數牆翣之飾有異非直爲人觀視之美好也厚者難腐朽然後盡於人心所不忍也謂一世之後孝子更去辟世是爲人盡心也過是以往變化自其理也

不得不可以爲悅無財不可以爲悅得之爲有財古之人皆用之吾何爲獨不然

悅者孝子之欲厚送親得之則悅也王制所禁不得用之不可以悅心也無財以供則度而用之禮

喪事不外求不可稱貸而爲悅也禮得用之財不足備之古人皆用之我何爲獨不然不然者言其不如是也

且比化者無使土親膚於人心獨無恔乎

恔快也棺槨敦厚比親體之變化且無令土親膚於人子戒心獨不快然無所恨也

吾聞之君子不以天下儉其親

我聞君子之道不以天下人所得用之物儉約於其親言事親竭其力者也論語曰生事之以禮死葬之以禮可謂孝也已

沈同以其私問曰燕可伐與孟子曰可子噲不得與人燕子之不得受燕於子噲

沈同齊大臣自以私情問非王命也故曰私子噲燕王也子之燕相也孟子曰可者以子噲不以天子之命而擅以國與子之子之亦不受天子之命而私受國於子噲故曰其罪可伐

有仕於此而子悅之不告於王而私與之吾子之祿爵夫士也亦無王命而私受之於子則可乎何以異於是

子謂沈同也孟子設此以譬燕王之罪

齊人伐燕

沈同以孟子言可因歸勸其王伐燕

或問曰勸齊伐燕有諸

有人問孟子勸齊王伐燕有之

曰未也沈同問燕可伐與吾應之曰可彼然而伐之也

孟子曰我未勸王也同問可伐乎吾曰可彼然而伐之也

彼如曰孰可以伐之則將應之曰爲天吏則可以伐之

彼如將問我曰誰可以伐之我將曰爲天吏則可以伐之天吏天所使謂王者得天意者也彼不復問孰可便自往伐之矣

今有殺人者或問之曰人可殺與則將應之曰可彼如曰孰可以殺之則將應之曰爲士師則可以殺之今以燕伐燕何爲勸之哉

今有殺人者問此人可殺否將應之曰可爲士官主獄則可以殺之矣言燕雖有罪猶當王者誅之耳譬如殺人者雖當死士師乃得殺之耳今齊國之政猶燕政也不能相踰又非天吏也我何爲勸齊國伐燕國乎

燕人畔王曰吾甚慚於孟子

燕人畔不肯歸齊齊王聞孟子與沈同言爲未勸王今竟不能有燕故慚之

陳賈曰王無患焉王自以爲與周公孰仁且智王曰惡是何言也

陳賈齊大夫也問王曰自視何如周公仁智乎欲爲王解孟子意故曰王無患焉王歎曰是何言

周公何可及也

曰周公使管叔監殷管叔以殷畔知而使之是不仁也不知而使之是不智也仁智周公未之盡也

而況於王乎。賈請見而解之。（賈欲以此說孟子也。）

見孟子問曰。周公何人也。（賈問之也。）

曰。古聖人也。（孟子曰。周公古之聖人也。）

曰。使管叔監殷。管叔以殷畔也。有諸。（賈問有之否乎。）

曰。然。（孟子曰。如是也。）

曰。周公知其將畔而使之與。（賈問之也。）

曰。不知也。（孟子曰。周公不知其將畔也。）

然則聖人且有過與。（過。謬也。賈曰。聖人且猶有謬誤。）

曰。周公弟也。管叔兄也。周公之過。不亦宜乎。（孟子以爲周公雖知管叔不賢。亦必不知其將畔。周公惟管叔弟也。故愛之。管叔念周公兄也。故望之。親親之恩也。周公之此過謬。不亦宜乎。）

且古之君子。過則改之。今之君子。過則順之。古之君子其過也。如日月之食。民皆見之。及其更也。民皆仰之。今之君子。豈徒順之。又從爲之辭。（古之所謂君子。眞聖人賢人君子也。周公雖有此過。乃誅三監。作大誥。明敎庶國。是周公改之也。今之所謂君子。非眞君子也。順過飾非。就爲之辭。孟子言此。以譏賈不能匡君。而欲以辭解之。）

孟子致爲臣而歸。（辭齊卿而歸其室也。）

王就見孟子曰。前日願見而不可得。（謂未來仕齊也。遙聞孟子之賢。而不能得見之。）

得侍同朝甚喜。（來就爲卿。君臣同朝。得相見。故喜之也。）

今又棄寡人而歸。（今致爲臣。棄寡人而歸也。）

不識可以繼此而得見乎。（不知可以續今日之後。遂使寡人得相見否乎。）

對曰。不敢請耳。固所願也。（孟子對王。言不敢自請耳。固心之所願也。孟子意欲使王繼今當自來謀也。）

他日王謂時子曰。我欲中國而授孟子室。養弟子以萬鍾。使諸大夫國人皆有所矜式。子盍爲我言之。（時子。齊臣也。王欲於國中而爲孟子築室。使敎養一國君臣之子弟。與之萬鍾之祿。中國者。使學者

遺近均也矜敬也式法也欲使諸大夫國人皆敬法其道盍何不也謂時子何不爲我言之於孟子知肯就之否

時子因陳子而以告孟子。

陳子孟子弟子陳臻也

陳子以時子之言告孟子。孟子曰。然。夫時子惡知其不可也。如使予欲富。辭十萬而受萬。是爲欲富乎。

孟子曰如是夫時子安能知其不可乎時子以我爲欲富故以祿誘我我往者饗十萬鍾之祿以大道不行故去耳今更當受萬鍾是爲欲富乎距時子之言所以有是云也

季孫曰。異哉。子叔疑。

二子孟子弟子也季孫知孟子意不欲而心欲使孟子就之故曰異哉弟子之所聞也子叔心疑惑之亦以爲可就之矣

使己爲政。不用。則亦已矣。又使其子弟爲卿。人亦孰不欲富貴。而獨於富貴之中有私龍斷焉。

孟子解二子之異意疑心曰齊王使我爲政不用則亦自止矣今又欲以其子弟故使我爲卿而與我萬鍾之祿人亦誰不欲富貴乎是猶獨於富貴之中有此私登龍斷之類也我則恥之

古之爲市也。以其所有易其所無者。有司者治之耳。有賤丈夫焉。必求龍斷而登之。以左右望而罔市利。人皆以爲賤。故從而征之。征商自此賤丈夫始矣。

古者市置有司但治其爭訟不征稅也賤丈夫貪人可賤者也入市則求龍斷而登之龍斷謂堁斷而高者也左右占視望市中有利罔羅而取之人皆賤其貪者也故就征取其利後世緣此遂征商人孟子言我苟貪萬鍾不恥屈道亦與此賤丈夫何異也古者謂周公以前周禮有關市之征也

孟子去齊。宿於晝。有欲爲王留行者。

晝齊西南近邑也孟子去齊欲歸鄒至晝地而宿也齊人之知孟子者追送見之欲爲王留孟子行

坐而言。不應。隱几而臥。

客危坐而言留孟子之言也孟子不應答因隱倚其几而臥也

客不悅曰。弟子齊宿而後敢言。夫子臥而不聽。請勿復敢見矣。

齊敬宿素也弟子素持敬心來言夫子慢我不受我言言而遂起退欲去請絕也

曰。坐。我明語子。

孟子止客曰且坐我明告語子

昔者魯繆公無人乎子思之側。則不能安子思。泄柳申詳無人乎繆公之側。則不能安其身。

往者魯繆公尊禮子思子思以道不行則欲去繆公常使賢人往留之說以方且聽子爲政然則子思復留泄柳申詳亦賢者也繆公尊之不如子思二子常有賢者在繆公之側勸以復之其身乃安矣

子爲長者慮。而不及子思。子絕長者乎。長者絕子乎。

長者老者也孟子年老故自謂長者言子爲我慮不如子思時賢人也不勸王使我得行道而但勸

（我留留者何爲哉此爲予絕我乎又我絕子乎何爲而慍恨也）

孟子去齊尹士語人曰不識王之不可以爲湯武則是不明也識其不可然且至則是干澤也千里而見王不遇故去三宿而後出晝是何濡滯也士則茲不悅

（尹士齊人也干求也澤祿也尹士與論者言之云孟子不知罔爲求祿濡滯淹久也既去近留於晝三日怪其淹久故云士於此事則不悅也）

高子以告

（高子亦齊人孟子弟子以尹士之言告孟子也）

曰夫尹士惡知予哉千里而見王是予所欲也不遇故去豈予所欲哉予不得已也

（孟子曰夫尹士安能知我哉我不得已而去耳何汲汲而驅馳乎）

予三宿而出晝於予心猶以爲速王庶幾改之王如改諸則必反予

（我自謂行速疾矣冀王庶幾能反覆招還我矣）

夫出晝而王不予追也予然後浩然有歸志

（浩然心浩浩有遠志也）

予雖然豈舍王哉王由足用爲善王如用予則豈徒齊民安天下之民舉安王庶幾改之予日望之

（孟子以齊大國知其可以行善政故戀戀望王之改而反之是以安行也豈徒齊民安言君子達則兼善天下也）

予豈若是小丈夫然哉諫於其君而不受則怒悻悻然見於其面去則窮日之力而後宿哉

（我豈若狷狷急小丈夫恚怒其君而去極日力而宿懼其不遠者哉論曰悻悻然小人哉言己志大在於濟一世之民不爲小節也）

尹士聞之曰士誠小人也

（尹士聞義則服故曰士誠小人也）

孟子去齊充虞路問曰夫子若有不豫色然前日虞聞諸夫子曰君子不怨天不尤人

（路道也於路中問也充虞謂孟子去齊有恨心顏色故不悅也）

曰彼一時此一時也五百年必有王者興其間必有名世者由周而來七百有餘歲矣以其數則過矣以其時考之則可矣

（彼時前聖賢之出是其時也今此時亦是其一時也五百年王者興有興王道者也名世次聖之才物來能名正於一世者生於聖人之間也七百有餘歲謂周家王迹始興大王文王以來考驗其時則可有也）

夫天未欲平治天下也如欲平治天下當今之世舍我其誰也吾何爲不豫哉

（孟子自謂能當名世之士時又值之而不得施此乃天自未欲平治天下耳非我之愆我固不怨天何爲不悅豫乎是故知命者不憂不懼與天消息而已矣）

孟子去齊居休公孫丑問曰仕而不受祿古之道乎

休地名丑問古人之道仕而不受祿邪怪孟子於齊不受其祿也

曰非也於崇吾得見王退而有去志不欲變故不受也

崇地名孟子言不受祿非古之道於崇吾始見齊王知其不能納善退出志欲去矣不欲即去若為變詭見非太甚故且宿留心欲去故不復受其祿也

繼而有師命不可以請久於齊非我志也

言我本志欲速去繼見之後有師旅之命不得請去故使我久而不受祿耳久非我本志也

孟子卷四

孟子卷五

漢太常京兆趙　岐註

明後學東吳金　蟠訂

滕文公章句上

滕文公者滕國名文謚也公者國人尊君之稱也文公於當時尊敬孟子問以古道猶衛靈公問陳於孔子論語因以題篇

滕文公爲世子將之楚過宋而見孟子孟子道性善言必稱堯舜

文公爲世子使於楚而過宋孟子時在宋與相見也滕侯周文王之後也世紀世本錄諸侯之世滕國有考公麋與文公之父定公相直其子元公弘與文公相直似後世避諱改考公爲定公以元公行文德故謂之文公也孟子與世子言人生皆有善性但當充而用之耳又言堯舜之治天下不失仁義之道故勉世子

世子自楚反復見孟子

從楚還復詣孟子欲重受法則也

孟子曰世子疑吾言乎夫道一而已矣

世子疑吾言有不盡乎天下之道一而已矣惟有行善耳復何疑邪

成覸謂齊景公曰彼丈夫也我丈夫也吾何畏彼哉

成覸勇果者也與景公言曰尊貴者與我同丈夫我亦能爲之何爲畏彼之哉

顏淵曰舜何人也予何人也有爲者亦若是

言欲有爲當若顏淵庶幾成覸不畏乃能有所成耳又以是勉世子也

公明儀曰文王我師也周公豈欺我哉

公明儀賢者也師文王信周公言其知所法則也

今滕絕長補短將五十里也猶可以爲善國

滕雖小其境界長短相補可得大五十里子男之國也尚可以行善者也

書曰若藥不瞑眩厥疾不瘳

書逸篇也瞑眩藥攻人疾先使瞑眩憒亂乃得瘳愈喻行仁當精熟德惠乃洽也

滕定公薨世子謂然友曰昔者孟子嘗與我言於宋於心終不忘今也不幸至於大故吾欲使子問於孟子然後行事

定公文公父也然友世子之傅也大故謂大喪也

然友之鄒問於孟子

孟子歸在鄒也

孟子曰不亦善乎親喪固所自盡也

不亦者亦也問此亦其善也

曾子曰生事之以禮死葬之以禮祭之以禮可謂孝矣

曾子傳孔子之言孟子欲今世子如曾子之從禮也時諸侯皆不行禮故使獨行之也

諸侯之禮吾未之學也雖然吾嘗聞之矣三年之喪齊疏之服飦粥之食自天子達於庶人三代共

之

孟子言我雖不學諸侯之禮嘗聞師言三代以前君臣皆行三年之喪齋疏齊衰也飦糜粥也

然友反命定爲三年之喪父兄百官皆不欲也故曰吾宗國魯先君莫之行吾先君亦莫之行也至於子之身而反之不可

父兄百官滕同姓異姓諸臣也皆不欲使世子行三年滕魯同姓俱出文王魯周公之後滕叔繡之後敬聖人故宗魯者也

且志曰喪祭從先祖曰吾有所受之也

父兄百官自復言也志記也周禮小史掌邦國之志曰喪祭之事各從其先祖之法言我轉有所受之不可於己身獨改更也一說吾有所受之世子言我受之於孟子也故曰吾有所受

謂然友曰吾他日未嘗學問好馳馬試劍今也父兄百官不我足也恐其不能盡於大事子謂我問孟子

父兄百官見我他日所行謂我志行不足似恐我不能盡大事之禮故止我也爲我問孟子當何以服其心使其信我也

然友復之鄒問孟子孟子曰然不可以他求者也孔子曰君薨聽於冢宰歠粥面深墨卽位而哭百官有司莫敢不哀先之也

孟子言如是不可用他事求也喪尚哀惟當以哀戚感之耳國君薨委政冢宰大臣嗣君但盡哀情歠粥不食顏色深墨深甚也墨黑也卽喪位而哭百官有司莫敢不哀者以君先哀之也

上有好者下必有甚焉者矣君子之德風也小人之德草也草上之風必偃是在世子

上之所欲下以爲俗尚加也偃伏也以風加草莫不偃伏也是在世子以身帥之也

然友反命世子曰然是誠在我

世子聞之知其在身欲行之也

五月居廬未有命戒百官族人可謂曰知

諸侯五月而葬未葬居倚廬於中門之內也未有命戒居喪不言也異姓同姓之臣可謂曰知世子之能行禮也

及至葬四方來觀之顏色之戚哭泣之哀弔者大悅

四方諸侯之殯來弔會者見世子之憔悴哀戚大悅其孝行之高美也已

滕文公問爲國孟子曰民事不可緩也

問治國之道也民事不可緩之使怠惰當以政督趣教以生產之務也

詩云晝爾于茅宵爾索綯亟其乘屋其始播百穀

詩邠風七月之篇言教民晝取茅草夜索以爲綯綯絞也及爾閒暇亟而乘蓋爾野外之屋春事起爾將始播百穀矣言農民之事無休已

民之爲道也有恆產者有恆心無恆產者無恆心苟無恆心放辟邪侈無不爲已及陷乎罪然後從而刑之是罔民也焉有仁人在位罔民而可爲也

義與上篇同孟子既爲齊宣王言之滕文公問復爲究陳其義故各自載之也

是故賢君必恭儉禮下取於民有制

古之賢君身行恭儉禮下大臣賦取於民不過十一之制也

陽虎曰爲富不仁矣爲仁不富矣

陽虎魯季氏家臣也富者好聚仁者好施施不得聚道相反也陽虎非賢者也言有可采不以人廢言也

夏后氏五十而貢殷人七十而助周人百畝而徹其實皆什一也徹者徹也助者藉也

夏禹之世號夏后氏后君也禹受禪於君故夏稱后殷周之順人心而征伐故言人也民耕五十畝貢上五畝耕七十畝者以七畝助公家耕百畝者徹取十畝以爲賦雖異名而多少同故曰皆什一也徹猶人徹取物也藉者借也猶人相借力助之也

龍子曰治地莫善於助莫不善於貢貢者校數歲之中以爲常

龍子古賢人也言治土地之賦無善於助者也貢者校數歲以爲常類而上之民供養之有易有不易故謂之莫不善於貢也

樂歲粒米狼戾多取之而不爲虐則寡取之凶年糞其田而不足則必取盈焉

樂歲豐年狼戾猶狼藉也粒米粟米之粒也既多狼藉棄捐於地是時多取於民不爲暴虐也而反以常數少取之至於凶年饑歲民人糞其田尚無所得不足以食而公家取其稅必滿其常數焉不若從歲饑穰以爲多少與民同之也

爲民父母使民盻盻然將終歲勤動不得以養其父母又稱貸而益之使老稚轉乎溝壑惡在其爲民父母也

盻盻勤苦不休息之貌勤動作稱舉也言民勤身動作終歲不得以養食其父母公賦當畢有不足者又當舉貸子倍而益滿之至使老少轉尸溝壑安可以爲民之父母也

夫世祿滕固行之矣

古者諸侯卿大夫士有功德則世祿賜族者也官有世功也其子雖未任居官得世食其父祿賢者子孫必有土之義也滕固知行是矣言亦當恤民之子弟閔其勤勞者也

詩云雨我公田遂及我私惟助爲有公田由此觀之雖周亦助也

詩小雅大田之篇言太平時民悅其上願欲天之先雨公田遂以次及我私田也猶殷人助者爲有公田耳此周詩也而云雨公田知雖周家之時亦有助之之制也

設爲庠序學校以教之

以學習禮教化於國

庠者養也校者教也序者射也夏曰校殷曰序周曰庠學則三代共之皆所以明人倫也

養者養耆老教者教以禮義射者三耦四矢以達物導氣也學則三代同名皆謂之學學乎人倫人倫者人事也猶洪範曰彝倫攸序謂其常事有序者也

人倫明於上小民親於下有王者起必來取法是爲王者師也

有行三王之道而興起者當取法於有道之國也

詩云周雖舊邦其命惟新文王之謂也子力行之亦以新子之國

詩大雅文王之篇言周雖后稷以來舊爲諸侯其受王命惟文王新復修治禮義以致之耳以是勸勉文公欲使庶幾新其國也

使畢戰問井地

畢戰滕臣也問古井田之法時諸侯各去典籍人自爲政故井田之道不明也

孟子曰子之君將行仁政選擇而使子子必勉之夫仁政必自經界始經界不正井地不鈞穀祿不平

子畢戰也經亦界也必先正其經界勿慢鄰國乃可鈞井田平穀祿穀所以爲祿也周禮小司徒云乃經土地而井其田野言正其土地之界乃定受其井牧之處也

是故暴君汙吏必慢其經界經界既正分田制祿可坐而定也

暴君殘虐之君汙吏貪吏也慢經界不正也必相侵陵長爭訟也分田賦廬井也制祿以庶人在官者比上農夫轉以爲差故可坐而定也

夫滕壤地褊小將爲君子焉將爲野人焉無君子莫治野人無野人莫養君子

褊小謂五十里也爲有也雖小國亦有君子亦有野人言足以爲善政也

請野九一而助國中什一使自賦

九一者井田以九頃爲數而共什一郊野之賦也助者殷家稅名也周亦用之龍子所謂莫善於助也時諸侯不行助法國中什一者周禮園廛二十而稅一時行重法賦貢之什一也而如也自從也孟子欲請使野人如助法什一而稅之國中從其本賦二十而稅一以寬之也

卿以下必有圭田圭田五十畝餘夫二十五畝

古者卿以下至於士皆受圭田五十畝所以供祭祀也圭潔也士田故謂之圭田所謂惟士無田則亦不祭言絀士無潔田也井田之民養公田者受百畝圭田半之故五十畝餘夫者一家一人受田其餘者小尚有餘力者受二十五畝半於圭田謂之餘夫也受田者田萊多少有上中下周禮曰餘夫亦如之亦如上中下之制也王制曰夫圭田無征謂餘夫圭田皆不當征賦也時無圭田餘夫孟子欲令復古所以重祭祀利民之言也

死徙無出鄉

死謂葬死也徙謂受土易居于肥磽也不出其鄉易爲功也

鄉田同井出入相友守望相助疾病相扶持則百姓親睦

同鄉之田共井之家各相營勞也出入相友相友耦也周禮太宰曰八曰友以任得民守望相助助察姦惡也疾病相扶持扶持其羸弱救其困急皆所以教民相親睦之道和睦也

方里而井井九百畝其中爲公田八家皆私百畝同養公田公事畢然後敢治私事所以別野人也

方一里者九百畝之地也爲一井八家各私得百畝同共養其公田之苗稼公田八十畝其餘二十畝以爲廬井宅園圃家一畝半也先公後私遂及我私之義也則是野人之事所以別於士伍者也

此其大略也若夫潤澤之則在君與子矣

略要也其井田之大要如是也而加慈惠潤澤之則在滕君與子共戮力撫循之也

有爲神農之言者許行自楚之滕踵門而告文公曰

遠方之人聞君行仁政願受一廛而爲氓神農三皇之君炎帝神農氏許姓行名也治爲神農之道者踵至也廛居也自稱遠方之人願爲氓氓野人也

文公與之處其徒數十人皆衣褐捆屨織席以爲食

文公與之居處舍之宅也其徒學其業者也衣褐貧也捆猶叩椓也織屨欲使堅故叩之也賣屨席以供飲食也

陳良之徒陳相與其弟辛負耒耜而自宋之滕曰聞君行聖人之政是亦聖人也願爲聖人氓

陳良儒者也陳相陳良之門徒也辛相弟聖人之政謂仁政也

陳相見許行而大悅盡棄其學而學焉

棄陳良之儒道更學許行神農之道也

陳相見孟子道許行之言曰滕君則誠賢君也雖然未聞道也

陳相言許行以爲滕君未達至道也

賢者與民並耕而食饔飧而治今也滕有倉廩府庫則是厲民而以自養也惡得賢

相言自許以爲古賢君當與民並耕而各自食其力饔飧熟食也朝曰饔夕曰飧當身自具其食兼治民事耳今滕賦稅有倉廩府庫之富是爲厲病其民以自奉養安得爲賢君乎三皇之時質樸無事故道若此者也

孟子曰許子必種粟而後食乎

問許子必自身種粟乃食之也

曰然

相曰然許子自種之

許子必織布而後衣乎

孟子曰許子自織布然後衣之乎

曰否許子衣褐

相曰不自織布許子衣褐以毳織之若今馬衣也或曰褐枲衣也一曰麤布衣也

許子冠乎

孟子問相冠乎

曰冠

相曰冠也

曰奚冠

孟子問許子何冠也

曰冠素

相曰許子冠素

曰自織之與曰否以粟易之

相言許子以粟易素

曰許子奚爲不自織

孟子曰許子自織素乎

曰害於耕

相曰織紡害於耕故不自織也

曰許子以釜甑爨以鐵耕乎

爨炊也孟子曰許子寧以釜甑炊食以鐵爲犂用之耕否邪

曰然

相曰用之

自爲之與

孟子曰許子自治鐵陶瓦器邪

曰否以粟易之

相曰不自作鐵瓦以粟易之也

以粟易械器者不爲厲陶冶陶冶亦以械器易粟者豈爲厲農夫哉且許子何不爲陶冶舍皆取諸其宮中而用之何爲紛紛然與百工交易何許子之不憚煩

械器之總名也厲病也以粟易器不病陶冶陶冶亦何以爲病農夫乎且許子何爲不自陶冶舍者止也止不肯皆自取之其宮宅中而用之何爲反與百工交易紛紛而爲之煩也

曰百工之事固不可耕且爲也

相曰百工之事固不可耕且爲故交易也

然則治天下獨可耕且爲與

孟子言百工各爲其事尚不可得耕且兼之人君自天子以下當治天下政事此反可耕且爲邪欲以窮許行之非滕君不親耕也孟子謂五帝以來有禮義上下之事不可復若三皇之道也言許子不知禮者也

有大人之事有小人之事且一人之身而百工之所爲備如必自爲而後用之是率天下而路也

孟子言人道自有大人之事謂人君行教化也小人之事謂農工商也一人而備百工之所作作之乃得用之者是率導天下人以羸困之路也故曰是率天下而路也

故曰或勞心或勞力勞心者治人勞力者治於人治於人者食人治人者食於人天下之通義也

勞心君也勞力民也君施教以治理之民竭力治公田以奉養其上天下通義所常行者也

當堯之時天下猶未平洪水橫流氾濫於天下草木暢茂禽獸繁殖五穀不登禽獸偪人獸蹄鳥迹之道交於中國堯獨憂之舉舜而敷治焉

遭洪水故天下未平水盛故草木暢茂草木盛故禽獸繁息衆多也登升也五穀不足升用也猛獸之迹當在山林而反交於中國懼害人故堯獨憂念之敷治也書曰禹敷土是言治其土也

舜使益掌火益烈山澤而焚之禽獸逃匿

掌主也主火之官猶古之火正也烈熾也益視山澤草木熾者而焚之故禽獸逃匿而奔走遠竄也

禹疏九河瀹濟漯而注諸海決汝漢排淮泗而注之江然後中國可得而食也當是時也禹八年於

外三過其門而不入，雖欲耕得乎？

疏通也。瀹治也。排壅也。於是水害除，故中國之地可得耕而食也。禹勤事於外，八年之中，三過其門而不入。書曰：「辛壬癸甲，啓呱呱而泣。」如此，寧可得耕也。

后稷教民稼穡，樹藝五穀，五穀熟而民人育。

棄爲后稷也。樹，種。藝，植也。五穀謂稻黍稷麥菽也。五穀所以養人也，故言民人育也。

人之有道也，飽食煖衣，逸居而無教，則近於禽獸。聖人有憂之，使契爲司徒，教以人倫：父子有親，君臣有義，夫婦有別，長幼有序，朋友有信。

司徒主人，教以人事。父父，子子，君君，臣臣，夫夫，婦婦，兄兄，弟弟，朋友貴信，是爲契之所教也。

放勳曰：「勞之來之，匡之直之，輔之翼之，使自得之，又從而振德之。」

放勳，堯號也。遭水逆行，其小民放辟邪侈，故勞來之，匡正直其曲心，使自得其本善性，然後又從而振其羸窮，德恩惠之德也。

聖人之憂民如此，而暇耕乎？

重喻陳相。

堯以不得舜爲己憂，舜以不得禹、皋陶爲己憂。夫以百畝之不易爲己憂者，農夫也。分人以財謂之惠，教人以善謂之忠，爲天下得人者謂之仁。

言聖人以不得賢聖之臣爲己憂，農夫以百畝不易治爲己憂。

是故以天下與人易，爲天下得人難。

爲天下求能治天下者難得也，故言以天下傳與人尚爲易也。

孔子曰：「大哉堯之爲君！惟天爲大，惟堯則之。蕩蕩乎民無能名焉！君哉舜也！巍巍乎有天下而不與焉！」堯舜之治天下，豈無所用其心哉？亦不用於耕耳。

天道蕩蕩乎大，無私，生萬物而不知其所由來。堯法天，故民無能名堯德者也。舜得人君之道哉。德盛而巍巍乎有天下之位，雖貴盛不能與益舜巍巍之德。言德之大，大於天子位也。堯舜蕩蕩巍巍如此，但不用心於躬自耕也。

吾聞用夏變夷者，未聞變於夷者也。

言以諸侯之禮義化變蠻夷之人耳，未聞變化於夷蠻之人，同其道也。

陳良，楚產也。悅周公、仲尼之道，北學於中國。北方之學者，未能或之先也。彼所謂豪傑之士也。子之兄弟事之數十年，師死而遂倍之。

陳良生於楚，北遊中國，學者不能有先之也，所謂豪傑過人之士也。子之兄弟謂陳相、陳辛也。數十年師事陳良，良死而倍之，更學於許行，非之也。

昔者孔子沒，三年之外，門人治任將歸，入揖於子貢，相嚮而哭，皆失聲，然後歸。子貢反，築室於場，獨居三年，然後歸。

任，擔也。失聲，悲不能成聲。場，孔子冢上祭祀壇場也。子貢獨於場左右築室，復三年，愼終追遠也。

他日，子夏、子張、子游以有若似聖人，欲以所事孔

子事之强曾子曾子曰不可江漢以濯之秋陽以暴之皜皜乎不可尚已

有若之貌似孔子此三子者思孔子而不可復見故欲尊有若以作聖人朝夕奉事之禮如事孔子以慰思也曾子不肯以爲聖人之潔白如濯之江漢暴之秋陽秋陽周之秋夏之五六月盛陽也皜皜白甚也何可尚而乃欲以有若之質於聖人之坐席乎尊師道故不肯也

今也南蠻鴃舌之人非先王之道子倍子之師而學之亦異於曾子矣吾聞出於幽谷遷于喬木者未聞下喬木而入于幽谷者

今此許行乃南楚蠻夷其舌之惡如鴃鳥耳鴃博勞鳥也詩云七月鳴鴃應陰而後動者也許子託於太古非先聖王堯舜之道不務仁義而欲使君臣並耕傷害道德惡如鴃舌與曾子之心亦異遠也人當出深谷止喬木今子反下喬木入於幽谷

魯頌曰戎狄是膺荆舒是懲周公方且膺之子是之學亦爲不善變矣

詩魯頌閟宮之篇也膺擊也懲艾也周家時擊戎狄之不善者懲止荆舒之人使不敢侵陵也周公常欲擊之言南蠻之人難用而子反悅是人而學其道亦爲不善變更矣孟子究陳此者深以責陳相也

從許子之道則市賈不貳國中無僞雖使五尺之童適市莫之或欺布帛長短同則賈相若麻縷絲絮輕重同則賈相若五穀多寡同則賈相若屨大小同則賈相若

陳相復爲孟子言如此使從許子淳樸之道可使市無二價不相僞詐不相欺愚小大長短謂丈尺輕重謂斤兩多寡謂斗石大小謂尺寸皆言同價故曰市無二價者也

曰夫物之不齊物之情也或相倍蓰或相什百或相千萬子比而同之是亂天下也巨屨小屨同賈人豈爲之哉從許子之道相率而爲僞者也惡能治國家

孟子曰夫萬物好醜異賈精粗異功其不齊同乃物之性情也蓰五倍也什十倍也至於千萬相倍譬若和氏之璧雖與凡玉之璧尺寸厚薄適等其價豈可同哉子欲以大小相比而同之則使天下有爭亂之道也巨粗屨也小細屨也如使同價而賣之人豈肯作其細哉時許子教人僞者耳安能治其國家者也

墨者夷之因徐辟而求見孟子

夷之治墨家之道者徐辟孟子弟子也求見孟子欲以辯道也

孟子曰吾固願見今吾尚病病愈我且往見

我常願見之今值我病不能見也病愈將自往見以辭却之

夷子不來他日又求見孟子

是日夷子聞孟子病故不來他日復往求見之

孟子曰吾今則可以見矣不直則道不見我且直之

告徐子曰今我可以見夷之矣不直言之則儒家聖道不見我且欲直攻之也

吾聞夷子墨者墨之治喪也以薄爲其道也夷子

思以易天下豈以爲非是而不貴也然而夷子葬其親厚則是以所賤事親也

我聞夷子爲墨道者墨者治喪貴薄而賤厚夷子欲以此道易天下之化使從己豈肯以薄爲非是而不貴之也始使夷子葬其父母厚也是以所賤之道事其親也如其薄也下言上世不葬者又可鄙足以爲戒也吾欲以此攻之者也

徐子以告夷子夷子曰儒者之道古之人若保赤子此言何謂也之則以爲愛無差等施由親始

之夷子名也蓋儒家者曰古之治即若愛赤子此何謂乎之以爲當同其恩愛無有差次等級親疏也但施愛之事先從己親屬始耳若此何爲獨非墨道也

徐子以告孟子孟子曰夫夷子信以爲人之親其兄之子爲若親其鄰之赤子乎彼有取爾也赤子匍匐將入井非赤子之罪也

親愛也夫夷子以爲人愛兄子與愛鄰人之子等耶彼取赤子將入井雖他人子亦愛救之故謂之愛同也但以赤子無知故救之耳夷子必以愛兄之未盡達人情者也故曰赤子匍匐將入井非赤子之罪也

且天之生物也使之一本而夷子二本故也

天生萬物各由一本而出今夷子以他人之親與己親等是爲二本故欲同其愛也

蓋上世嘗有不葬其親者其親死則舉而委之於壑

上世未制禮之時壑路傍坑壑也其父母終舉而委之棄於壑也

他日過之狐狸食之蠅蚋姑嘬之其顙有泚睨而不視夫泚也非爲人泚中心達於面目蓋歸反虆梩而掩之掩之誠是也則孝子仁人之掩其親亦必有道矣

嘬相共食之也顙額也泚汗出泚泚然也見其親爲獸蟲所食形體毀敗中心慙故汗泚泚然出於額非爲他人而慙也自出其心聖人緣人心而制禮也虆梩籠臿之屬可以取土者也掩之實是其道則孝子仁人掩其親亦有道矣

徐子以告夷子夷子憮然爲閒曰命之矣

孟子言是以爲墨家薄葬不合道也徐子以告夷子夷子憮然者猶悵然也爲閒者有頃之閒也命之猶言受命教矣

孟子卷五

孟子卷六

漢太常京兆趙　岐註

明後學東吳金　蟠訂

滕文公章句下

陳代曰：不見諸侯，宜若小然。今一見之，大則以王，小則以霸。且志曰：枉尺而直尋，宜若可爲也。陳代，孟子弟子也。代見諸侯有來聘請見孟子，孟子有所不見，以爲孟子欲以是爲介，故言此介得無爲狹小乎？如一見之，儻得行道，可以輔致霸王乎？志，記也。枉尺直尋，欲使孟子屈己信道，故言宜若可爲也。

孟子曰：昔齊景公田，招虞人以旌，不至，將殺之。虞人，守苑囿之吏也。招之當以皮冠，而以旌，故招之而不至也。志士不忘在溝壑，勇士不忘喪其元。孔子奚取焉？志士，守義者也。君子固窮，故常念死無棺椁沒溝壑而不恨也。勇士，義勇者也。元，首也。以義則喪首不顧也。孔子奚取，取守死善道，非禮招己則不往。言虞人不得其招尚不往，如何君子而不待其招，直事妄見諸侯者何爲也已。取非其招不往也，如不待其招而往，何哉？且夫枉尺而直尋者，以利言也。如以利，則枉尋直尺而利，亦可爲與？尺小尋者尚可枉大就小而以要其利也。

昔者趙簡子使王良與嬖奚乘，終日而不獲一禽。嬖奚反命曰：天下之賤工也。趙簡子，晉卿也。王良，善御者也。嬖奚，簡子幸臣也。以不能得一禽，故反命於簡子，謂王良天下鄙賤之工御也。或以告王良，良曰：請復之。聞嬖奚賤之，故請復與乘。強而後可。強嬖奚乃肯行。一朝而獲十禽。嬖奚反命曰：天下之良工也。以一朝得十禽，故謂之良工。簡子曰：我使掌與女乘。掌，主也。使王良主與女乘。謂王良，良不可。王良不肯。曰：吾爲之範我馳驅，終日不獲一；爲之詭遇，一朝而獲十。範，法也。王良曰：我爲之法度之御，應禮之射，正殺之禽，不能得一；横而射之，曰詭遇，非禮之射，則能獲十。言嬖奚小人也，不習於禮也。詩云：不失其馳，舍矢如破。我不貫與小人乘，請辭。詩小雅車攻之篇也。言御者不失其馳驅之法，則射者必中之，順毛而入，順毛而出，一發貫臧，應矢而死者如破矣，此君子之射也。貫，習也。我不習與小人乘，不願掌與嬖奚同乘，故請辭。

御者且羞與射者比比而得禽獸雖若丘陵弗爲也如枉道而從彼何也

孟子引此以喩陳代云御者尚知羞恥此射者不欲與比子如何欲使我枉正道而從彼驕慢諸侯而見之乎

且子過矣枉己者未有能直人者也

謂陳代之言過謬也人當以直矯枉耳己自枉曲何能正人

景春曰公孫衍張儀豈不誠大丈夫哉一怒而諸侯懼安居而天下熄

景春孟子時人爲縱横之術者公孫衍魏人也號爲犀首嘗佩五國相印爲從長秦王之孫故曰公孫張儀合從者也一怒則構諸侯使强陵弱故言懼也安居不用辭說則天下兵革熄也

孟子曰是焉得爲大丈夫乎子未學禮乎丈夫之冠也父命之女子之嫁也母命之往送之門戒之曰往之女家必敬必戒無違夫子以順爲正者妾婦之道也

孟子以禮言之男子之道當以義正君女子則當婉順從人耳男子之冠則命曰就爾成德今此二子從君順指行權合從無輔弼之義安得爲大丈夫也

居天下之廣居立天下之正位行天下之大道得志與民由之不得志獨行其道富貴不能淫貧賤不能移威武不能屈此之謂大丈夫

廣居謂天下也正位謂男子純乾正陽之位也大道仁義之道也得志行正與民共之不得志隱居獨善其身守道不回也淫亂其心也移易其行也屈挫其志也三者不惑乃可以爲之大丈夫矣

周霄問曰古之君子仕乎

周霄魏人也問君子之道當仕否

孟子曰仕傳曰孔子三月無君則皇皇如也出疆必載質

贄臣所以執見君者也三月一時也物變而不佐君化故皇皇如有所求而不得爾

公明儀曰古之人三月無君則弔

公明儀賢者也言古人三月無君則弔明當仕也

三月無君則弔不以急乎

周霄怪乃弔於三月無君何其急也

曰士之失位也猶諸侯之失國家也禮曰諸侯耕助以供粢盛夫人蠶繅以爲衣服犧牲不成粢盛不潔衣服不備不敢以祭惟士無田則亦不祭牲殺器皿衣服不備不敢以祭則不敢以宴亦不足弔乎

諸侯耕助者躬耕勸率其民收其藉助以供粢盛粢稷盛稻也夫人親執蠶繅之事以率女功衣服祭服不成不實肥腯也惟辭也言惟絀祿之士無主田者不成祭牲必特殺故曰殺皿所以覆器者也不祭則不宴猶喪人日不亦可弔乎

出疆必載質何也

周霄問出疆何爲復載質

曰士之仕也猶農夫之耕也農夫豈爲出疆舍其耒耜哉

孟子言仕之爲急若農夫不可不耕

曰晉國亦仕國也未嘗聞仕如此其急仕如此其急也君子之難仕何也

魏本晉也周霄曰我晉人也亦仕而不知其急若此君子何爲難仕君子謂孟子何爲不急仕也

曰丈夫生而願爲之有室女子生而願爲之有家父母之心人皆有之不待父母之命媒妁之言鑽穴隙相窺踰牆相從則父母國人皆賤之

言人不可觸情從欲須禮而行

古之人未嘗不欲仕也又惡不由其道不由其道而往者與鑽穴隙之類也

言古之人雖欲仕如不由其道亦與鑽穴隙者無異

彭更問曰後車數十乘從者數百人以傳食於諸侯不以泰乎

泰甚也彭更孟子弟子怪孟子徒衆多而傳食於諸侯之國得無爲甚奢泰者也

孟子曰非其道則一簞食不可受於人如其道則舜受堯之天下不以爲泰子以爲泰乎

簞笥也非其道一笥之食不可受也子以舜受堯之天下爲泰乎

曰否士無事而食不可也

彭更曰不以舜爲泰也謂仕無功而虛食人者不可也

曰子不通功易事以羨補不足則農有餘粟女有餘布子如通之則梓匠輪輿皆得食於子

孟子言凡人當通功易事乃可各以奉其用梓匠木工也輪人輿人作車者也交易則得食於子之所有夫周禮攻木之工七梓匠輪輿見其四餘羨者也

於此有人焉入則孝出則悌守先王之道以待後之學者而不得食於子子何尊梓匠輪輿而輕爲仁義者哉

入則事親孝出則敬長悌悌順也守先王之道上德之士可以化俗者若此不得食子之祿子何尊彼而賤此也

曰梓匠輪輿其志將以求食也君子之爲道也其志亦將以求食與

彭更以爲彼志食於此亦但志食也

曰子何以其志爲哉其有功於子可食而食之矣且子食志乎食功乎

孟子言祿以食功子何食乎

曰食志

彭更以爲當食志也

曰有人於此毁瓦畫墁其志將以求食也則子食之乎

孟子言人但破碎瓦畫地則復墁滅之此無用之爲也然而其志反欲求食則可食乎

曰否

彭更曰不可也

曰然則子非食志也食功也

孟子曰如是則子果食功也非食其志也

萬章問曰宋小國也今將行仁政齊楚惡而伐之則如之何

問宋當如齊楚何也

孟子曰湯居亳與葛爲鄰葛伯放而不祀湯使人問之曰何爲不祀曰無以供犧牲也湯使遺之牛羊葛伯食之又不以祀

葛夏諸侯嬴姓之國放縱無道不祀先祖

湯又使人問之曰何爲不祀曰無以供粢盛也湯使亳衆往爲之耕老弱饋食葛伯率其民要其有酒食黍稻者奪之不授者殺之有童子以黍肉餉殺而奪之書曰葛伯仇餉此之謂也

童子未成人殺之尤無狀尚書逸篇文仇怨也言湯伐葛伯怨其害此餉也

爲其殺是童子而征之四海之內皆曰非富天下也爲匹夫匹婦復讎也

四海之民皆曰湯不貪天下富也爲一夫報仇也

湯始征自葛載十一征而無敵於天下東面而征西夷怨南面而征北狄怨曰奚爲後我民之望之若大旱之望雨也歸市者弗止芸者不變誅其君弔其民如時雨降民大悅書曰徯我后后來其無罰

載始也言湯初征自葛始也十一征而服天下一說言當作再字再十一征言湯再征十一國再十一凡征二十二國也書逸篇也民曰待我君來我則無罰矣歸市不止不以有軍來征故市者之不行也不使芸者變休也

有攸不爲臣東征綏厥士女篚厥玄黃紹我周王見休惟臣附于大邑周其君子實玄黃于篚以迎其君子其小人簞食壺漿以迎其小人救民於水火之中取其殘而已矣

從有攸以下道周武王伐紂時也皆尚書逸篇之文也攸所也言武王東征安天下士女小人各有所執往無不惟念執臣子之節篚厥玄黃謂諸侯執玄三纁二之帛願見周王望見休善使我得附就大邑周家也其君子小人各有所執以成其類也言武王之師救殷民於水火之中討其殘賊也

太誓曰我武惟揚侵于之疆則取於殘殺伐用張于湯有光

太誓古尚書百二十篇之時泰誓也我武王用武之時惟鷹揚也侵紂之彊界則取于殘賊者以張殺伐之功也民有簞食壺漿之歡比於湯伐桀爲有光之美武王德優前代也今之尚書泰誓篇後得以充學故不與古太誓同諸傳記引泰誓皆古泰誓也

不行王政云爾。苟行王政，四海之內皆舉首而望之，欲以爲君。齊楚雖大，何畏焉。

萬章憂宋迫於齊楚，不得行王政，故孟子爲陳殷湯周武之事以喻之。誠能行之，天下思以爲君，何畏齊楚之國焉。

孟子謂戴不勝曰：子欲子之王之善與？我明告子。

不勝，宋臣。

有楚大夫於此，欲其子之齊語也，則使齊人傅諸？使楚人傅諸？

孟子假喻有楚大夫在此，欲變其子，使學齊言，當使齊人傅之？使楚人自傅相之邪？

曰：使齊人傅之。

不勝曰：使齊人。

曰：一齊人傅之，衆楚人咻之，雖日撻而求其齊也，不可得矣。引而置之莊嶽之間數年，雖日撻而求其楚，亦不可得矣。

言使一齊人傅相，衆楚人咻之。咻之者，讙也。如此，雖日撻之，欲使齊言，不可得矣。言寡不勝衆也。莊嶽，齊街里名也。多人處之數年，而自齊也。

子謂薛居州，善士也，使之居於王所。在於王所者，長幼卑尊皆薛居州也，王誰與爲不善？

孟子曰：不勝當言居州，宋之善士也。欲使居於王所，即使在王所者小大皆如居州，則王誰與爲不善者也。

在王所者，長幼卑尊皆非薛居州也，王誰與爲善？一薛居州，獨如宋王何？

如使在王左右者皆非居州之疇，王當誰與爲善乎？一薛居州，獨如宋王何，而能化之也？周之末世，列國皆僭號自稱王，故曰宋王也。

公孫丑問曰：不見諸侯，何義？

丑怪孟子不肯每輒應諸侯之聘，不見之，於義謂何也。

孟子曰：古者不爲臣不見。

古者不爲臣，不肯見。不義而富且貴者也。

段干木踰垣而辟之，泄柳閉門而不納，是皆已甚。迫，斯可以見矣。

孟子言魏文侯、魯繆公有好善之心，而此二人距之太甚。迫窄，則可以見之。

陽貨欲見孔子而惡無禮。大夫有賜於士，不得受於其家，則往拜其門。

陽貨，魯大夫也。孔子，士也。

陽貨瞯孔子之亡也，而饋孔子蒸豚。孔子亦瞯其亡也，而往拜之。當是時，陽貨先，豈得不見？

瞯，視也。陽貨視孔子亡而饋之者，欲使孔子來答，恐其便答拜使人也。孔子瞯其亡者，心不欲見陽貨也。論語曰：饋孔子豚。孟子曰：蒸豚。豚非大牲，故用熟饋也。是時陽貨先加禮，豈得不往拜見之哉。

曾子曰：脅肩諂笑，病于夏畦。

脅肩，竦體也。諂笑，强笑也。病，極也。言其意苦勞極，甚於仲夏之月治畦灌園之勤也。

子路曰未同而言觀其色赧赧然非由之所知也

未同志未合也不可與言而與之言謂之失言也觀其色赧赧然面赤心不正之貌也由子路名子路剛直故曰非由所知也

由是觀之則君子之所養可知已矣

孟子言由是觀曾子子路之言以觀君子之所養志可知矣謂君子養正氣不以入邪也

戴盈之曰什一去關市之征今茲未能請輕之以待來年然後已何如

戴盈之宋大夫問孟子欲使君去關市征稅復古行什一之賦今年未能盡去且使輕之待來年然後復古何如

孟子曰今有人日攘其鄰之雞者或告之曰是非君子之道曰請損之月攘一雞以待來年然後已如知其非義斯速已矣何待來年

攘取也取自來之物也孟子以此爲喻知攘之惡當即止何可損少月取一雞待來年乃止乎謂盈之之言若此類者也

公都子曰外人皆稱夫子好辯敢問何也

公都子孟子弟子外人他人論議者也好辯言孟子好與楊墨之徒辯爭

孟子曰予豈好辯哉予不得已也

曰我不得已耳欲救正道懼爲邪說所亂故辯之也

天下之生久矣一治一亂當堯之時水逆行氾濫於中國蛇龍居之民無所定下者爲巢上者爲營窟

天下之生生民以來也迭有治亂非一世水生蛇龍水盛則蛇龍居民之地也民患水避之故無定居埤下者於樹上爲巢猶鳥之巢也上者高原之上也鑿岸而營度之以爲窟穴而處之

書曰洚水警余洚水者洪水也

尚書逸篇文水逆行洚洞無涯故曰洚水也洪大也

使禹治之禹掘地而注之海驅蛇龍而放之菹水由地中行江淮河漢是也險阻既遠鳥獸之害人者消然後人得平土而居之

堯使禹治洪水通九州故曰掘地而注之海也菹澤生草者也今青州謂澤有草爲菹水流行於地而去之民人下高就平土故遠險阻也水去故鳥獸害人者消盡也

堯舜既沒聖人之道衰暴君代作壞宮室以爲汙池民無所安息棄田以爲園囿使民不得衣食邪說暴行又作園囿汙池沛澤多而禽獸至

暴亂也亂君更興殘壞民室屋以其處爲汙池棄五穀之田以爲園囿長逸遊而棄本業使民不得衣食有飢寒並至之厄其小人則放辟邪侈故作邪僞之說爲姦宄之行沛草木之所生也澤水也至衆也田疇不墾故禽獸衆多謂羿桀之時也

及紂之身天下又大亂周公相武王誅紂伐奄三年討其君驅飛廉於海隅而戮之滅國者五十驅虎豹犀象而遠之天下大悅

奄東方無道國武王伐紂至於孟津還歸二年復伐前後三年也飛廉紂諛臣驅之海隅而戮之猶

舜放四罪也，滅與紂共爲亂政者五十國也。奄，大國，故特伐之。尚書多方曰：王來自奄。

書曰：丕顯哉文王謨，丕承哉武王烈，佑啓我後人，咸以正無缺。

書，尚書逸篇也。丕，大。顯，明。承，纘。烈，光也。言文王大顯明王道，武王大纘承夫光烈，佑開後人，謂成康皆行正道，無虧缺也。此周公輔相以撥亂之功也。

世衰道微，邪說暴行有作，臣弒其君者有之，子弒其父者有之。孔子懼，作春秋。春秋，天子之事也。是故孔子曰：知我者其惟春秋乎！罪我者其惟春秋乎！

世衰道微，周衰之時也。孔子懼正道遂滅，故作春秋。因魯史記，設素王之法，謂天子之事也。知我者，謂我正綱紀也。罪我者，謂時人見彈貶者。言孔子以春秋撥亂也。

聖王不作，諸侯放恣，處士橫議，楊朱、墨翟之言盈天下。天下之言不歸楊，則歸墨。楊氏爲我，是無君也；墨氏兼愛，是無父也。無父無君，是禽獸也。

言孔子之後，聖王之道不興，戰國縱橫，布衣處士游說以干諸侯，若楊墨之徒無尊異君父之義，而以攢議於世也。

公明儀曰：庖有肥肉，廄有肥馬，民有飢色，野有餓莩，此率獸而食人也。

公明儀，魯賢人。言人君何崇庖廚，養犬馬，不恤民，是爲率禽獸而食人也。

楊墨之道不息，孔子之道不著，是邪說誣民，充塞仁義也。仁義充塞，則率獸食人，人將相食。

言仁義塞，則邪說行，獸食人，則人相食，此亂之甚也。

吾爲此懼，閑先聖之道，距楊墨，放淫辭，邪說者不得作。

閑，習也。淫，放也。孟子言我懼聖人之道不著，爲邪說所乘，故習聖人之道以距之。

作於其心，害於其事；作於其事，害於其政。聖人復起，不易吾言矣。

說與上篇同。

昔者禹抑洪水而天下平，周公兼夷狄，驅猛獸而百姓寧，孔子成春秋而亂臣賊子懼。

抑，治也。周公兼懷夷狄之人，驅害人之猛獸也。言亂臣賊子懼春秋之貶責也。

詩云：戎狄是膺，荊舒是懲，則莫我敢承。

此詩已見上篇說。

無父無君，是周公所膺也。

是周公所欲伐擊也。

我亦欲正人心，息邪說，距詖行，放淫辭，以承三聖者。豈好辯哉？予不得已也。

孟子言我亦欲正人心，距詖行，以奉禹、周公、孔子也。不得已而與人辯耳，豈好之哉。

能言距楊墨者，聖人之徒也。

孟子自謂能距楊墨也。徒，黨也。可以繼聖人之道，謂名世者也，故曰聖人之徒也。

匡章曰陳仲子豈不誠廉士哉居於陵三日不食耳無聞目無見也井上有李螬食實者過半矣匍匐往將食之三咽然後耳有聞目有見

匡章齊人也陳仲子齊一介之士窮不苟求者是以絕糧而餒也螬蟲也李實有蟲食之過半言仲子目不能擇也

孟子曰於齊國之士吾必以仲子爲巨擘焉雖然仲子惡能廉充仲子之操則蚓而後可者也夫蚓上食槁壤下飲黃泉

巨擘大指也比於齊國之士吾必以仲子爲指中大者耳非大器也蚓丘蚓之蟲也充滿其操行似蚓而可行者也蚓食土飲泉極廉矣然無心無識仲子不知仁義苟守一介亦猶蚓也

仲子所居之室伯夷之所築與抑亦盜跖之所築與所食之粟伯夷之所樹與抑亦盜跖之所樹與是未可知也

孟子問匡章仲子豈能必使伯夷之徒築室樹粟乃居食之邪抑亦得盜跖之徒使作是殆未可知也

曰是何傷哉彼身織屨妻辟纑以易之也

匡章曰惡人作之何傷哉彼仲子身自織屨妻緝纑以易食宅耳緝績其麻曰辟練其麻曰纑故云辟纑

曰仲子齊之世家也兄戴蓋祿萬鍾以兄之祿爲不義之祿而不食也以兄之室爲不義之室而不居也避兄離母處於於陵

孟子言仲子齊之世卿大夫之家兄名戴爲齊卿食采於蓋祿萬鍾仲子以爲事非其君行非其道以居富貴故不義之竄於於陵也

他日歸則有饋其兄生鵝者己頻顣曰惡用是鶃鶃者爲哉

他日異日也歸省其母見兄受人之鵝而非之己仲子也頻顣不悅曰安用是鶃鶃者爲乎鶃鶃鵝鳴聲

他日其母殺是鵝也與之食之其兄自外至曰是鶃鶃之肉也出而哇之以母則不食以妻則食之以兄之室則弗居以於陵則居之是尚爲能充其類也乎若仲子者蚓而後充其操者也

異日母食以鵝不知是前所頻顣者也兄疾之告曰是鶃鶃之肉也仲子出門而哇吐之孟子非其不食於母而食妻所作之纑易食也不居兄室而居於於陵人所築室也是尚能充食人類乎如蚓之性然後可以充其操也是以孟子喻以丘蚓而比諸巨擘而已

孟子卷六

孟子卷七

漢太常京兆趙　岐註

明後學東吳金　蟠訂

離婁章句上

離婁者古之明目者蓋以爲黃帝之時人也黃帝亡其玄珠使離朱索之離朱即離婁也能視於百步之外見秋毫之末然必須規矩乃成方圓猶論語述而不作信而好古故以名篇

孟子曰離婁之明公輸子之巧不以規矩不能成方員公輸子魯班魯之巧人也或以爲魯昭公之子雖天下至巧亦猶須規矩也

師曠之聰不以六律不能正五音師曠晉平公之樂大師也其聽至聰不用六律不能正五音六律陽律太蔟姑洗蕤賓夷則無射黃鍾也五音宮商角徵羽也

堯舜之道不以仁政不能平治天下當行仁恩之政天下乃可平也

今有仁心仁聞而民不被其澤不可法於後世者不行先王之道也仁心性仁也仁聞仁聲遠聞也雖然猶須行先王之道使百姓被澤乃可爲後世之法也

故曰徒善不足以爲政徒法不能以自行但有善心而不行之不足以爲政但有善法度而不施之法度亦不能獨自行也

詩云不愆不忘率由舊章遵先王之法而過者未之有也詩大雅假樂之篇愆過也所行不過差矣不可忘者以其循用舊故文章遵用先王之法度未聞有過者也

聖人既竭目力焉繼之以規矩準繩以爲方員平直不可勝用也盡己目力續以其四者方圓平直可得而審知故用之不可勝極也

既竭耳力焉繼之以六律正五音不可勝用也音須律而正也

既竭心思焉繼之以不忍人之政而仁覆天下矣盡心欲行恩繼以不忍加惡於人之政則天下被覆衣之仁也

故曰爲高必因丘陵爲下必因川澤爲政不因先王之道可謂智乎言因自然則用力少而成功多矣

是以惟仁者宜在高位不仁而在高位是播其惡於衆也仁者能由先王之道不仁逆道則自播揚其惡於衆人也

上無道揆也下無法守也朝不信道工不信度君子犯義小人犯刑國之所存者幸也言君無道術可以揆度天意臣無法度可以守職奉命朝廷之士不信道德百工之作不信度量君子觸義之所禁謂學士當行君子之道也小人觸刑愚人罹於密網也此亡國之政然而國存者僥

俾耳非其道也

故曰城郭不完兵甲不多非國之災也田野不辟貨財不聚非國之害也上無禮下無學賊民興喪無日矣

言君不知禮臣不學法度無以相檢制則賊民興亡在朝夕無復有期是言國無禮義必亡

詩曰天之方蹶無然泄泄泄泄猶沓沓也事君無義進退無禮言則非先王之道者猶沓沓也

詩大雅板之篇天謂王者蹶動也言天方動汝無然沓沓但為非義非禮背先王之道而不相匡正也

故曰責難於君謂之恭陳善閉邪謂之敬吾君不能謂之賊

人臣之道當進君於善責難為之事使君為敬謂行堯舜之仁是為恭臣陳善法以禁閉君之邪心是勉之君言吾君不肖不能行善因不諫正此為賊其君也故有恭敬賊三者之義

孟子曰規矩方員之至也聖人人倫之至也

至極也人事之善者莫大取法於聖人猶方員須規矩也

欲為君盡君道欲為臣盡臣道二者皆法堯舜而已矣

堯舜之為君臣道備

不以舜之所以事堯事君不敬其君者也不以堯之所以治民治民賊其民者也

言舜之事堯敬之至也堯之治民愛之盡也

孔子曰道二仁與不仁而已矣暴其民甚則身弒國亡不甚則身危國削名之曰幽厲雖孝子慈孫百世不能改也

仁則國安不仁則國危亡甚謂桀紂不甚謂幽厲厲王流於彘幽王滅於戲可謂身危國削矣名之謂諡之也諡以幽厲以章其惡百世傳之孝子慈孫何能改也

詩云殷鑒不遠在夏后之世此之謂也

詩大雅蕩之篇也殷之所鑒視近在夏后之世矣以前代善惡為明鏡也欲使周亦鑒于殷之所以亡也

孟子曰三代之得天下也以仁其失天下也以不仁國之所以廢興存亡者亦然

三代夏商周國謂公侯之國存亡在仁與不仁而已

天子不仁不保四海諸侯不仁不保社稷卿大夫不仁不保宗廟士庶人不仁不保四體今惡死亡而樂不仁是由惡醉而強酒

保安也四體身之四肢強酒則必醉也喻惡亡而樂不仁也

孟子曰愛人不親反其仁治人不治反其智禮人不答反其敬行有不得者皆反求諸己其身正而天下歸之

反其仁己仁獨未至邪反其智己智獨未足邪反其敬己敬獨未恭邪反求諸身身已正則天下歸就

就之，服其德也。

詩云。永言配命。自求多福。

此詩已見上篇，其義同。

孟子曰。人有恒言。皆曰天下國家。

恒，常也。人之常語也。天下謂天子之所主，國謂諸侯之國，家謂卿大夫家。

天下之本在國。國之本在家。家之本在身。

治天下者不得良諸侯無以爲本，治其國者不得良卿大夫無以爲本，治其家者不得良身無以爲本也。是則本正則立，本傾則踣，固在所敬慎而已。

孟子曰。爲政不難。不得罪於巨室。

巨室，大家也。謂賢卿大夫之家，人所則効者。言不難者，但不使巨室罪之，則善也。

巨室之所慕。一國慕之。一國之所慕。天下慕之。故沛然德教溢乎四海。

慕，思也。賢卿大夫，一國思其所善惡，一國思其善政，則天下思以爲君矣。沛然大治，德教可以滿溢於四海之內也。

孟子曰。天下有道。小德役大德。小賢役大賢。天下無道。小役大。弱役强。斯二者天也。順天者存。逆天者亡。

有道之世，小德小賢樂爲大德大賢役服於賢德也。無道之時，小國弱國畏懼而役於大國强國也。此二者，天時所遭也，當順從之，不當逆也。

齊景公曰。既不能令。又不受命。是絕物也。涕出而女於吳。

齊景公，齊侯景，謚也。言諸侯既不能令告鄰國，使之進退，又不能事大國，往受教，是所以自絕於物。物，事也。大國不與之通朝聘之事也。吳，蠻夷也，時爲强國，故齊侯畏而恥之，泣涕而與爲婚。

今也小國師大國。而恥受命焉。是猶弟子而恥受命於先師也。

今小國以大國爲師，學法度焉，而恥受命教，不從其進退，譬猶弟子不從師也。

如恥之。莫若師文王。師文王。大國五年。小國七年。必爲政於天下矣。

文王行仁政，以移殷民之心，使皆就之。今師效文王，大國不過五年，小國七年，必得政於天下矣。文王時難，故百年乃洽。今之時易，文王由百里起，今大國乃踰千里，過之十倍有餘，故五年足以爲政。小國美之，故七年。

詩云。商之孫子。其麗不億。上帝既命。侯于周服。侯服于周。天命靡常。殷士膚敏。祼將于京。

詩大雅文王之篇。麗，億，數也。言殷帝之子孫，其數雖不但億萬人，天既命之，惟服於周。殷之美士，執祼鬯之禮，將事於京師，若微子者。膚，大；敏，達也。此天命之無常也。

孔子曰。仁不可爲衆也。夫國君好仁。天下無敵。

孔子云，行仁者，天下之衆不能當也。諸侯有好仁者，天下無敢與之爲敵。

今也欲無敵於天下而不以仁。是猶執熱而不以濯也。詩云。誰能執熱。逝不以濯。

詩大雅桑柔之篇。誰能持熱而不以水濯其手，喻其爲國誰能違仁而無敵於天下也。

孟子曰不仁者可與言哉安其危而利其菑樂其所以亡者不仁而可與言則何亡國敗家之有有孺子歌曰滄浪之水清兮可以濯我纓滄浪之水濁兮可以濯我足孔子曰小子聽之清斯濯纓濁斯濯足矣自取之也夫人必自侮然後人侮之家必自毁然後人毁之國必自伐然後人伐之太甲曰天作孽猶可違自作孽不可活此之謂也

孟子曰桀紂之失天下也失其民也失其民者失其心也

失其民之心則天下畔之簞食壺漿以迎武王之師是也

得天下有道得其民斯得天下矣得其民有道得其心斯得民矣得其心有道所欲與之聚之所惡勿施爾也

欲得民心聚其所欲而與之爾近也勿施行其所惡使民近則民心可得矣

民之歸仁也猶水之就下獸之走壙也故爲淵敺魚者獺也爲叢敺爵者鸇也爲湯武敺民者桀與紂也今天下之君有好仁者則諸侯皆爲之敺矣雖欲無王不可得已

民之思明君猶水樂卑下獸樂廣野敺之則歸其所樂獺獱也鸇土鸇也故云諸侯好爲仁者敺民若此也湯武行之矣如有則之者雖欲不王不可得也

今之欲王者猶七年之病求三年之艾也苟爲不畜終身不得苟不志於仁終身憂辱以陷於死亡

今之諸侯欲行王道而不積其德如至七年病而却求三年時艾當畜之乃可得以三年時不畜藏之至七年欲卒求之何可得乎艾可以爲灸人病乾久益善故以爲喻志仁者亦久行之不行之則憂辱以陷死亡桀紂是也

詩云其何能淑載胥及溺此之謂也

詩大雅桑柔之篇淑善也載辭也胥相也刺時君臣何能爲善乎但相與爲沉溺之道也

孟子曰自暴者不可與有言也自棄者不可與有爲也言非禮義謂之自暴也吾身不能居仁由義謂之自棄也

言人尚自暴自棄何可與有言有爲

仁人之安宅也義人之正路也曠安宅而弗居舍正路而不由哀哉

曠空舍縱哀傷也弗由居是者是可哀傷也

孟子曰道在邇而求諸遠事在易而求之難人人親其親長其長而天下平

邇近也道在近而患人求之遠也事在易而患人求之難也謂不親其親以事其長故其事遠而難也

孟子曰居下位而不獲於上民不可得而治也獲於上有道不信於友弗獲於上矣信於友有道事親

弗悅弗信於友矣悅親有道反身不誠不悅於親矣誠身有道不明乎善不誠其身矣

言人求上之意先從己始本之於心心不正而得人意者未之有也

是故誠者天之道也思誠者人之道也至誠而不動者未之有也不誠未有能動者也

授人誠善之性者天也思行其誠以奉天者人也至誠則動金石不誠則鳥獸不可親狎故曰不誠未有能動者也

孟子曰伯夷辟紂居北海之濱聞文王作興曰盍歸乎來吾聞西伯善養老者

伯夷讓國遭紂之世辟之隱遁北海之濱聞文王起興王道盍歸乎來歸周也

太公辟紂居東海之濱聞文王作興曰盍歸乎來吾聞西伯善養老者

太公呂望也亦辟紂世隱居東海曰聞西伯養老二人皆老矣往歸文王也

二老者天下之大老也而歸之是天下之父歸之也天下之父歸之其子焉往

此二老猶天下之父也其餘皆天下之子耳子當隨父二父往矣子將安如言皆歸往也

諸侯有行文王之政者七年之內必爲政於天下矣

今之諸侯如有能行文王之政者七年之間必足以爲政矣天以七紀故云七年文王時難故久衰周時易故速也上章言大國五年者大國地廣人衆易以行善故五年足以行善也

孟子曰求也爲季氏宰無能改於其德而賦粟倍他日孔子曰求非我徒也小子鳴鼓而攻之可也

求孔子弟子冉求季氏魯卿季康子宰家臣小子弟子也孔子以冉求不能改季氏使從善爲之多斂賦粟故欲使弟子鳴鼓以聲其罪而攻伐責讓之曰求非我徒疾之也

由此觀之君不行仁政而富之皆棄於孔子者也況於爲之強戰爭地以戰殺人盈野爭城以戰殺人盈城此所謂率土地而食人肉罪不容於死

孔子棄富不仁之君者況於爭城爭地而殺人滿之乎此若率土地使食人肉也言其罪大死刑不足以容之

故善戰者服上刑連諸侯者次之辟草萊任土地者次之

孟子言天道重生戰者殺人故使善戰者服上刑上刑重刑也連諸侯合從者也罪次善戰者辟草萊任土地不務修德而富國者罪次合從連橫之人也

孟子曰存乎人者莫良於眸子眸子不能掩其惡

眸子瞳子也存人存在人之善心也

胸中正則眸子瞭焉胸中不正則眸子眊焉

瞭明也眊者蒙蒙目不明之貌

聽其言也觀其眸子人焉廋哉

廋匿也聽言察目言正視端人情可見安可匿之哉

孟子曰恭者不侮人儉者不奪人侮奪人之君惟恐

不順焉惡得爲恭儉。

爲恭敬者不侮慢人，爲廉儉者不奪取人。有好侮奪人之君，有貪陵之性，恐人不順從其所欲，安得爲恭儉之行也。

恭儉豈可以聲音笑貌爲哉。

恭儉之人，儼然無欲，自取其名，豈可以和聲音笑貌强爲之哉。

淳于髡曰：男女授受不親，禮與。

淳于髡，齊人也。問禮男女不相親授。

孟子曰：禮也。

禮不親授。

曰：嫂溺，則援之以手乎。

髡曰：見嫂溺水，則當以手牽援之否邪。

曰：嫂溺不援，是豺狼也。

孟子曰：人見嫂溺不援出，是爲豺狼之心也。

男女授受不親，禮也。嫂溺援之以手者，權也。

孟子告髡曰：此權。此權者，反經而善也。

曰：今天下溺矣，夫子之不援，何也。

髡曰：天下之道溺矣，夫子何不援之乎。

曰：天下溺，援之以道；嫂溺，援之以手。子欲手援天下乎。

孟子曰：當以道援天下，而道不得行，子欲使我以手援天下乎。

公孫丑曰：君子之不教子，何也。

問父子不親教，何也。

孟子曰：勢不行也。教者必以正，以正不行，繼之以怒；繼之以怒，則反夷矣。夫子教我以正，夫子未出於正也，則是父子相夷也。父子相夷，則惡矣。

父親教子，其勢不行。教以正道而不能行，則責怒之。夷，傷也。父子相責怒，則傷義矣。一說云：父子反自相非，若夷狄也。子之心責於父云：夫子教我以正道，而夫子之身未必自行正道也。執此意則爲反夷矣，故曰惡也。

古者易子而教之，父子之間不責善。責善則離，離則不祥莫大焉。

易子而教，不欲自相責以善也。父子之恩離，則不祥莫大焉。

孟子曰：事孰爲大，事親爲大；守孰爲大，守身爲大。不失其身而能事其親者，吾聞之矣；失其身而能事其親者，吾未之聞也。

事親，養親也。守身，使不陷於不義也。失不義，則何能事父母乎。

孰不爲事，事親，事之本也；孰不爲守，守身，守之本也。

先本後末，事守乃立也。

曾子養曾晳，必有酒肉；將徹，必請所與；問有餘，必曰有。曾晳死，曾元養曾子，必有酒肉；將徹，不請所與問有餘曰亡矣將以復進也此所謂養口體者也若曾子則可謂養志也事親若曾子者可也將徹請所與問曾晳所欲與子孫所愛者也必曰有恐違親意也故曰養志曾元曰無欲以復進曾子也不求親意故曰養口體也事親之道當如曾子之法乃爲至孝

孟子曰人不足與適也政不足與間也惟大人爲能格君心之非適過也詩云室人交偏適我間非格正也時皆小人居位不足過責也政教不足復非說獨得大人爲輔臣乃能正君也非法度也君仁莫不仁君義莫不義君正莫不正一正君而國定矣正君之身一國定矣欲使大人正之

孟子曰有不虞之譽有求全之毁虞度也言人之行有不虞度其時有名譽而得者若尾生本與婦人期於梁下不度水之卒至遂至沒溺而獲守信之譽求全之毁者陳不瞻將赴君難聞金鼓之聲失氣而死可謂欲求全其節而反有怯弱之毁者也

孟子曰人之易其言也無責耳矣人之輕易其言不得失言之咎責也一說人之輕易不肯諫正君者以其不在言責之位者也

孟子曰人之患在好爲人師人之所患患於不知己未有可師而好爲人師者乃惑也

樂正子從於子敖之齊樂正子見孟子魯人樂正克孟子弟子也從於齊之右師王敖子敖使而之魯樂正子隨之來之齊也孟子在齊樂正子見之也孟子曰子亦來見我乎孟子見其來見遲故云來也曰先生何爲出此言也樂正子曰先生何爲非克而出此言也曰子來幾日矣孟子問子來幾日乎曰昔者克曰昔者來至昔者往也謂數日之間也曰昔者則我出此言也不亦宜乎孟子曰昔者來至而今乃來我出此言亦其宜也孟子重愛樂正子欲亟見之深思望重也曰舍館未定克曰所止舍館未定故不即來也館客舍曰子聞之也舍館定然後求見長者乎孟子曰子聞見長者之禮當須舍館定乃見之乎曰克有罪樂正子謝過服罪也

孟子謂樂正子曰子之從於子敖來徒餔啜也我不意子學古之道而以餔啜也

子敖齊之貴人右師王驩者也學而不行其道徒食飲而已謂之餔啜也樂正子本學古聖人之道而今隨從貴人無所匡正故言不意子但餔啜也

孟子曰不孝有三無後爲大

於禮有不孝者三事謂阿意曲從陷親不義一不孝也家窮親老不爲祿仕二不孝也不娶無子絕先祖祀三不孝也三者之中無後爲大

舜不告而娶爲無後也君子以爲猶告也

舜懼無後故不告而娶君子知舜告焉不得而娶娶而告父母禮也舜不以告權也故曰猶告與告同也

孟子曰仁之實事親是也義之實從兄是也智之實知斯二者弗去是也

事皆有實事親從兄仁義之實也知仁義所用而不去之則智之實也

禮之實節文斯二者是也樂之實樂斯二者

禮義之實節文事親從兄使不失其節而文其禮敬之容故中心樂之也

樂則生矣生則惡可已也惡可已則不知足之蹈之手之舞之也

樂此事親從兄出於中心則樂生其中矣樂生之至安可已也豈能自覺足蹈節手舞曲哉

孟子曰天下大悅而將歸己視天下悅而歸己猶草芥也惟舜爲然

舜不以天下將歸己爲樂號泣于天

不得乎親不可以爲人不順乎親不可以爲子舜盡事親之道而瞽瞍底豫瞽瞍底豫而天下化瞽瞍底豫而天下之爲父子者定此之爲大孝

舜以不順親意是非人子底致也豫樂也瞽瞍頑父也盡其孝道而頑父致樂使天下化之爲父子之道者定也

孟子卷七

孟子卷八

漢太常京兆趙　岐註

明後學東吳金　蟠訂

離婁章句下

孟子曰：舜生於諸馮，遷於負夏，卒於鳴條，東夷之人也。生始卒終記終始也諸馮負夏鳴條皆地名也負海也在東方夷服之地故曰東夷之人也

文王生於岐周，卒於畢郢，西夷之人也。岐周畢郢地名也岐山下周之舊邑近畎夷畎夷在西故曰西夷之人也書曰太子發上祭于畢下至于盟津畢文王墓近於酆鎬之地

地之相去也千有餘里，世之相後也千有餘歲，得志行乎中國，若合符節，先聖後聖，其揆一也。土地相去千有餘里千里以外也舜至文王千二百歲得志行政於中國蓋謂王也如合符節節玉節也周禮有六節揆度也言聖人之度量同也

子產聽鄭國之政，以其乘輿濟人於溱洧。子產鄭卿爲政聽訟也溱洧水名見人有冬涉者仁心不忍以其乘車度之也

孟子曰：惠而不知爲政。歲十一月，徒杠成；十二月，輿梁成，民未病涉也。以爲子產有惠民之心而不知爲政當以時修橋梁民何由病苦涉水乎周十月夏九月可以成涉度之功周十一月夏十月可以成輿梁也

君子平其政，行辟人可也。焉得人人而濟之？故爲政者，每人而悅之，日亦不足矣。君子爲國家平治政事刑法使無違失其道辟除人使卑辟尊可爲也安得人人濟渡於水乎每人而悅之欲自加恩以悅其意則日力不足以足之也

孟子告齊宣王曰：君之視臣如手足，則臣視君如腹心；君之視臣如犬馬，則臣視君如國人；君之視臣如土芥，則臣視君如寇讎。芥草芥也臣緣君恩以爲差等其心所執若是也

王曰：禮爲舊君有服，何如斯可爲服矣？宣王問禮舊臣爲舊君服喪服問君恩何如則可以爲服

曰：諫行言聽，膏澤下於民；有故而去，則君使人導之出疆，又先於其所往；去三年不反，然後收其田里。此之謂三有禮焉。如此，則爲之服矣。爲臣之時諫行言從德澤加民若有他故不得行譬如華元奔晉隨會奔秦是也古之賢君遭此則使人導之出境又先至其所到之國言其賢良三年不反乃收其田里田業也里居也此三者有禮則爲之服矣

今也爲臣，諫則不行，言則不聽，膏澤不下於民；有故而去，則君搏執之，又極之於其所往；去之日，遂收其田里。此之謂寇讎。寇讎何服之有？搏執其族親也極者惡而困之也遇臣若寇讎何服之有乎

孟子曰無罪而殺士則大夫可以去無罪而戮民則士可以徙惡傷其類視其下等懼次及也語曰鳶鵲蒙害仁鳥增逝此之謂也

孟子曰君仁莫不仁君義莫不義君者一國所瞻仰以為法政必從之是上為下則也

孟子曰非禮之禮非義之義大人弗為若禮而非禮陳質娶婦而長拜之也若義而非義藉交報讎是也此皆大人之所不為也

孟子曰中也養不中才也養不才故人樂有賢父兄也中者履中和之氣所生謂之賢才者是謂人之有俊才者有此賢者當以養育教誨不能進之以善故樂父兄之賢以養己也

如中也棄不中才也棄不才則賢不肖之相去其間不能以寸如使賢者棄愚不養其所以當養則賢亦近愚矣如此賢不肖相覺何能分寸明不可不相訓導也

孟子曰人有不為也而後可以有為人不為苟得乃能有讓千乘之志也

孟子曰言人之不善當如後患何人之有惡惡人言之當如後有患難及己乎

孟子曰仲尼不為已甚者仲尼彈邪以正正斯可矣故不欲為已甚泰過也孟子所以譏踰牆距門者也

孟子曰大人者言不必信行不必果惟義所在果能也大人仗義義有不得必信其言子為父隱也有不能得果行其所欲行者若親在不得以其身許友也義或重於信故曰惟義所在也

孟子曰大人者不失其赤子之心者也大人謂君國君視民當如赤子不失其民心之謂也一說曰赤子嬰兒也少小之子專一未變化人能不失其赤子時心則為貞正大人也

孟子曰養生者不足以當大事惟送死可以當大事孝子事親致養未足以為大事送終如禮則為能奉大事也

孟子曰君子深造之以道欲其自得之也造致也言君子學問之法欲深致極竟之以知道意欲使己得其原本如性自有之然也故曰欲其自得之而已

自得之則居之安居之安則資之深資之深則取之左右逢其原故君子欲其自得之也居之安若己所自有也資取也取之深則得其根也左右取之在所逢遇皆知其原本也故使君子欲其自得之也

孟子曰博學而詳說之將以反說約也博廣詳悉也廣學悉其微言而說之者將以約說其要意不盡知則不能妄說也是謂廣尋道意還反於樸說之美者也

孟子曰以善服人者未有能服人者也以善養人然後能服天下天下不心服而王者未之有也

以善服人之道治世謂以威力服人者也故人不心服以善養人養之以仁恩然後心服矣若文王治於岐邑是也天下不心服何由而王也

孟子曰言無實不祥不祥之實蔽賢者當之

凡言皆有實孝子之實養親是也善之實仁義是也祥善當直也不善之實何等也蔽賢之人直於是不善之實也

徐子曰仲尼亟稱於水曰水哉水哉何取於水也

徐子徐辟也問仲尼何取於水而稱之也

孟子曰源泉混混不舍晝夜盈科而後進放乎四海有本者如是是之取爾

言水不舍晝夜而進盈滿科坎放至也至於四海者有原本也以況於事有本者皆如是是之取也

苟爲無本七八月之間雨集溝澮皆盈其涸也可立而待也

苟誠也誠令無本若周七八月夏五六月天之大雨潦水卒集大溝小澮皆滿然其涸也可立而待之者以其無本故也

故聲聞過情君子恥之

人無本行暴得善聲令聞過其情若潦水不能久也故君子恥之

孟子曰人之所以異於禽獸者幾希庶民去之君子存之

幾希無幾也知義與不知義之間耳衆民去義君子存義也

舜明於庶物察於人倫由仁義行非行仁義也

倫序察識也舜明庶物之情識人事之序仁義生於內由其中而行非强力行仁義也故道性善言必稱於堯舜君子存之庶民去之而不由爾

孟子曰禹惡旨酒而好善言

旨酒美酒也儀狄作酒禹飲而甘之遂疏儀狄而絶旨酒書曰禹拜昌言

湯執中立賢無方

執中正之道惟賢速立之不問其從何方來舉伊尹以爲相也

文王視民如傷望道而未之見

視民如傷者雍容不動擾也望道而未至殷祿未盡尚有賢臣道未得至故望而不致誅於紂也

武王不泄邇不忘遠

泄狎邇近也不泄狎近賢不遺忘遠善近謂朝臣遠謂諸侯也

周公思兼三王以施四事其有不合者仰而思之夜以繼日幸而得之坐以待旦

三王三代之王也四事禹湯文武所行之事也不合己行有不合者仰而思之參諸天也坐以待旦言欲急施之也

孟子曰王者之迹熄而詩亡詩亡然後春秋作

王者謂聖王也太平道衰王迹止熄頌聲不作故詩亡春秋撥亂作於衰世也

晉之乘楚之檮杌魯之春秋一也其事則齊桓晉文其文則史孔子曰其義則丘竊取之矣

此三大國史記之異名乘者興於田賦乘馬之事因以爲名檮杌者嚚凶之類興於記惡之戒因以爲名春秋以二始擧四時記萬事之名其事則五霸所理也桓文五霸之盛者故擧之其文史記之

文也孔子自謂竊取之以爲素王也孔子人臣不受君命私作之故言竊亦聖人之謙辭爾

孟子曰君子之澤五世而斬小人之澤五世而斬予未得爲孔子徒也予私淑諸人也

澤者滋潤之澤大德大凶流及後世自高祖至玄孫善惡之氣乃斷故曰五世而斬予我也我未得爲孔子門徒也淑善也我私善之於賢人耳蓋恨其不得學於大聖人也

孟子曰可以取可以無取取傷廉可以與可以無與與傷惠可以死可以無死死傷勇

三者皆謂事可出入不至違義但傷此名亦不陷於惡也

逢蒙學射於羿盡羿之道思天下惟羿爲愈己於是殺羿

羿有窮后羿逢蒙羿之家衆也春秋傳曰羿將歸自田家衆殺之

孟子曰是亦羿有罪焉

罪羿不擇人也故以下事喻之

公明儀曰宜若無罪焉曰薄乎云爾惡得無罪鄭人使子濯孺子侵衛衛使庾公之斯追之子濯孺子曰今日我疾作不可以執弓吾死矣夫

孺子鄭大夫庾公衛大夫疾作瘧疾

問其僕曰追我者誰也其僕曰庾公之斯也曰吾生矣

僕御也孺子曰吾必生矣

其僕曰庾公之斯衛之善射者也夫子曰吾生何謂也曰庾公之斯學射於尹公之他尹公之他學射於我夫尹公之他端人也其取友必端矣

端人用心不邪辟知我是其道本所出必不害我也

庾公之斯至曰夫子何爲不執弓曰今日我疾作不可以執弓曰小人學射於尹公之他尹公之他學射於夫子我不忍以夫子之道反害夫子雖然今日之事君事也我不敢廢抽矢叩輪去其金發乘矢而後反

庾公之斯至竟如孺子之所言而曰我不敢廢君事故叩輪去鏃使不害人乃以射孺子禮射四發而去乘四也詩云四矢反兮孟子言以明羿之罪假使如子濯孺子之得尹公之他而教之何由有逢蒙之禍乎

孟子曰西子蒙不潔則人皆掩鼻而過之

西子古之好女西施也蒙不潔以不潔汙巾帽而蒙其頭面面雖好以蒙不潔人過之者皆自掩鼻懼聞其臭也

雖有惡人齋戒沐浴則可以祀上帝

惡人醜類者也面雖醜而齋戒沐浴自治潔淨可以侍上帝之祀言人當自治以仁義乃爲治也

孟子曰天下之言性也則故而已矣故者以利爲本

今天下之言性則以故而已矣以言其故者以利爲本耳若杞柳爲桮棬非杞柳之性也

所惡於智者爲其鑿也

惡人欲用智而妄穿鑿不順物之性而改道以養之

如智者若禹之行水也則無惡於智矣禹之行水也行其所無事也

禹之用智決江疏河因水之性因地之宜引之就下行其空虛無事之處

如智者亦行其所無事則智亦大矣

如用智者不妄改作但循理若禹之行水於無事則爲大智也

天之高也星辰之遠也苟求其故千歲之日至可坐而致也

天雖高星辰雖遠誠能推求其故常千歲日至之日可坐而致也星辰日月之會致至也知其日至在何日也

公行子有子之喪右師往弔入門有進而與右師言者有就右師之位而與右師言者

公行子齊大夫也右師齊之貴臣王驩字子敖者公行之喪齊卿大夫以君命會各有位次故下云朝廷也與言者皆諂於貴人也

孟子不與右師言右師不悅曰諸君子皆與驩言孟子獨不與驩言是簡驩也

右師謂孟子簡其無德故不與言是以不悅也

孟子聞之曰禮朝廷不歷位而相與言不踰階而相揖也我欲行禮子敖以我爲簡不亦異乎

孟子聞子敖之言曰我欲行禮故不歷位而言反以我爲簡異也云以禮者心惡子敖而外順其辭也

孟子曰君子所以異於人者以其存心也君子以仁存心以禮存心仁者愛人有禮者敬人愛人者人恒愛之敬人者人恒敬之

存在也君子之在心者仁與禮也愛敬施行於人人亦必反報之於己也

有人於此其待我以橫逆則君子必自反也我必不仁也必無禮也此物奚宜至哉

橫逆者以暴虐之道來加我也君子反自思省謂己仁禮不至也物事也推此人何爲以此事來加於我也

其自反而仁矣自反而有禮矣其橫逆由是也君子必自反也我必不忠

君子自謂我必不忠

自反而忠矣其橫逆由是也君子曰此亦妄人也已矣如此則與禽獸奚擇哉於禽獸又何難焉

妄人妄作之人無知者與禽獸何擇異也無異於禽獸又何足難矣

是故君子有終身之憂無一朝之患也乃若所憂則有之舜人也我亦人也舜爲法於天下可傳於後世我由未免爲鄉人也是則可憂也

君子之憂憂不如堯舜也

憂之如何如舜而已矣

憂之當如何乎。如舜而後可。故終身憂也。

若夫君子所患則亡矣。非仁無爲也。非禮無行也。如有一朝之患。則君子不患矣。君子之行。本自不致患。常行仁禮。如有一朝橫來之患。非己愆也。故君子歸天。不以爲患也。

禹稷當平世。三過其門而不入。孔子賢之。顏子當亂世。居於陋巷。一簞食。一瓢飲。人不堪其憂。顏子不改其樂。孔子賢之。孟子曰。禹稷顏回同道。禹思天下有溺者。由己溺之也。稷思天下有飢者。由己飢之也。是以如是其急也。禹稷顏子易地則皆然。

當平世。三過其門者。身爲公卿。憂民者也。當亂世。安陋巷者。不用於世。窮而樂道者也。孟子以爲憂民之道同。用與不用之宜若是也。故孔子俱賢之。禹稷急民之難若是。顏子與之易地。其心皆然。不在其位。故勢佚異。

今有同室之人鬭者。救之。雖被髮纓冠而救之。可也。鄉鄰有鬭者。被髮纓冠而往救之。則惑也。雖閉戶可也。

纓冠者。以冠纓貫頭也。鄉鄰。同鄉也。同室相救。是其理也。喻禹稷走赴鄉鄰。非其事。顏子所以閉戶而高枕也。

公都子曰。匡章通國皆稱不孝焉。夫子與之遊。又從而禮貌之。敢問何也。

匡章。齊人也。一國皆稱不孝。問孟子何爲與之遊。又禮之以顏色喜悅之貌也。

孟子曰。世俗所謂不孝者五。惰其四支。不顧父母之養。一不孝也。博弈好飲酒。不顧父母之養。二不孝也。好貨財。私妻子。不顧父母之養。三不孝也。從耳目之欲。以爲父母戮。四不孝也。好勇鬭很。以危父母。五不孝也。章子有一於是乎。

惰。懈不作。極耳目之欲。以陷罪戮及父母。凡此五者。人所謂不孝之行。章子豈有一事於此五不孝中也。

夫章子。子父責善而不相遇也。責善。朋友之道也。父子責善。賊恩之大者。

遇。得也。章子子父親教相責以善。不能相得。父逐之也。朋友切磋乃當責善耳。父子相責以善。賊恩之大者也。

夫章子。豈不欲有夫妻子母之屬哉。爲得罪於父。不得近。出妻屏子。終身不養焉。

夫章子。豈不欲身有夫妻之配。子有子母之屬哉。但以身得罪於父。不得近父。故出去其妻。屏遠其子。終身不爲妻子所養也。

其設心以爲不若是。是則罪之大者。是則章子已矣。

章子張設其心。執持此屏妻子之意。以爲得罪於父而不若是。以自責罰。是則罪益大矣。

曾子居武城。有越寇。或曰。寇至。盍去諸。

盍。何不也。曾子居武城。有越寇將來。人曰。寇方至。何不去之。

曰無寓人於我室毀傷其薪木寇退則曰修我牆屋我將反

寓寄也曾子欲去戒其守人曰無寄人於我室恐其傷我薪草樹木也寇退則曰治牆屋之壞者我將來反

寇退曾子反左右曰待先生如此其忠且敬也寇至則先去以爲民望寇退則反殆於不可

左右相與非議曾子者言武城邑大夫敬曾子武城人爲曾子忠謀勸使避寇君臣忠敬如此待先生寇至則先去使百姓瞻望而效之寇退安寧則復來還殆不可如是怪曾子何以行之也

沈猶行曰是非汝所知也昔沈猶有負芻之禍從先生者七十人未有與焉

沈猶行曾子弟子也行謂左右之人曰先生之行非汝所能知也先生曾子也往者先生嘗從門徒七十人舍吾沈猶氏時有作亂者曰負芻來攻沈猶氏先生率弟子去之不與其難言賓師不與臣同耳

子思居於衛有齊寇或曰寇至盍去諸子思曰如伋去君誰與守

伋子思名也子思欲助衛君赴難

孟子曰曾子子思同道曾子師也父兄也子思臣也微也曾子子思易地則皆然

孟子以爲二人同道曾子爲武城人作師則其父兄故去留無毀子思微少也又爲臣委質爲臣當死難故不去也子思與曾子易地皆然

儲子曰王使人瞯夫子果有以異於人乎

儲子齊人也瞯視也果能也謂孟子曰王言賢者身貌必當有異故使人視夫子能有異於衆人之容乎

孟子曰何以異於人哉堯舜與人同耳

人生同受法於天地之形我當何以異於人哉且堯舜之貌與凡人同耳其所以異乃以仁義之道在於內也

齊人有一妻一妾而處室者其良人出則必饜酒肉而後反其妻問所與飲食者則盡富貴也

良人夫也盡富貴者夫詐言其姓名也

其妻告其妾曰良人出則必饜酒肉而後反問其與飲食者盡富貴也而未嘗有顯者來吾將瞯良人之所之也

妻疑其詐故欲視其所之

蚤起施從良人之所之徧國中無與立談者卒之東郭墦間之祭者乞其餘不足又顧而之他此其爲饜足之道也

施者邪施而行不欲使良人覺也墦間郭外冢間也乞其餘者所餘酒肉也

其妻歸告其妾曰良人者所仰望而終身也今若此與其妾訕其良人而相泣於中庭

妻妾於中庭悲傷其良人相對涕泣而謗毀之

而良人未之知也。施施從外來。驕其妻妾。

施施猶扁扁，喜悅之貌。以爲妻妾不知，如故驕之也。

由君子觀之，則人之所以求富貴利達者，其妻妾不羞也，而不相泣者，幾希矣。

由，用也。用君子之道觀之，今求富貴者，皆以枉曲之道，昏夜乞哀而求之，以驕人於白日，此良人爲妻妾所羞而泣傷也。幾希者，言今苟求富貴，妻妾雖不羞泣者，與此良人妻妾何異也。

孟子卷八

孟子卷九

漢太常京兆趙　岐註

明後學東吳金　蟠訂

萬章章句上

萬章者萬姓章名孟子弟子也萬章問舜孝猶論語顏淵問仁因以題其篇也

萬章問曰舜往于田號泣于旻天何爲其號泣也

問舜往至于田何爲號泣也舜耕于歷山之時也

孟子曰怨慕也

言舜自怨遭父母見惡之厄而思慕也

萬章曰父母愛之喜而不忘父母惡之勞而不怨然則舜怨乎

言孝法當不怨如是舜何故怨

曰長息問於公明高曰舜往于田則吾既得聞命矣號泣于旻天于父母則吾不知也公明高曰是非爾所知也

長息公明高弟子公明高曾子弟子旻天秋天也幽陰氣也故訴于旻天高非息之問不得其義故曰非爾所知也已

夫公明高以孝子之心爲不若是恝

恝無愁之貌孟子以萬章之問難自距之故爲言高息之對如此夫公明高以爲孝子不得意於父母自當怨悲豈可恝恝然無憂哉因以萬章具陳其意耳

我竭力耕田共爲子職而已矣父母之不我愛於我何哉

我共人子之事而父母不我愛於我之身獨有何罪哉自求責於己而悲感焉

帝使其子九男二女百官牛羊倉廩備以事舜於畎畝之中

帝堯也堯使九子事舜以爲師以二女妻舜百官致牛羊倉廩致粟米之餼備具饋禮以奉事舜於畎畝之中由是遂賜舜以倉廩牛羊使得自有之堯典曰釐降二女不見九男孟子時尚書凡百二十篇逸書有舜典之敘亡失其文孟子諸所言舜事皆堯典及逸書所載獨丹朱以胤嗣之子臣下以距堯求禪其餘八庶無事故不見于堯典猶晉獻公之子九人五人以事見於春秋其餘四子亦不復見於經

天下之士多就之者帝將胥天下而遷之焉爲不順於父母如窮人無所歸

天下之善士多就舜而悅之胥須也堯須天下悉治將遷位而禪之順愛也爲不愛於父母其爲憂愁若困窮之人無所歸往也

天下之士悅之人之所欲也

欲貪也

而不足以解憂好色人之所欲妻帝之二女而不足以解憂富人之所欲富有天下而不足以解憂貴人之所欲貴爲天子而不足以解憂人悅之好色富貴無足以解憂者惟順於父母可以解憂

言爲人所悅將見禪爲天子皆不足以解憂獨見愛於父母爲可以解己之憂

人少則慕父母知好色則慕少艾有妻子則慕妻子仕則慕君不得於君則熱中

慕思慕也人少年少也艾美好也不得於君失意於君也熱中心熱恐懼也是乃人之情

大孝終身慕父母五十而慕者予於大舜見之矣

大孝之人終身慕父母若老萊子七十而慕衣五綵之衣爲嬰兒匍匐於父母前也我於大舜見五十而尚慕父母書曰舜生三十徵庸三十在位在位時尚慕故言五十也

萬章問曰詩云娶妻如之何必告父母信斯言也宜莫如舜舜之不告而娶何也

詩齊風南山之篇言娶妻之禮必告父母舜合信此詩之言何爲違禮不告而娶也

孟子曰告則不得娶男女居室人之大倫也如告則廢人之大倫以懟父母是以不告也

舜父頑母嚚常欲害舜告則不聽其娶是廢人之大倫以懟父母也

萬章曰舜之不告而娶則吾既得聞命矣帝之妻舜而不告何也

禮娶須五禮父母先答以辭是相告也帝謂堯何不告舜父母

曰帝亦知告焉則不得妻也

帝堯知舜大孝父母止之舜不敢違則不得妻之故亦不告也

萬章曰父母使舜完廩捐階瞽瞍焚廩使浚井出從而揜之

完治廩倉階梯也使舜登廩屋而捐去其階焚燒其廩也一說捐階舜即旋從階下瞽瞍不知其已下故焚廩也使舜浚井舜入而即出瞽瞍不知其已出從而蓋揜其井以爲舜死矣

象曰謨蓋都君咸我績

象舜異母弟也謨謀蓋覆也都於也君舜也舜有牛羊倉廩之奉故謂之君咸皆績功也象言謀覆於君而殺之者皆我之功欲與父母分舜之有取其善者故引爲己之功也

牛羊父母倉廩父母

欲以牛羊倉廩與其父母

干戈朕琴朕弤朕二嫂使治朕棲

干楯戈戟也琴舜所彈五弦琴也弤彫弓也天子曰彫弓堯禪舜天下故賜之彫弓也棲牀也二嫂娥皇女英使治牀欲以爲妻也

象往入舜宮舜在牀琴象曰鬱陶思君爾忸怩

象見舜生在牀鼓琴愕然反辭曰我鬱陶思君故來爾辭也忸怩而慙是其情也

舜曰唯茲臣庶汝其于予治

茲此也象素憎舜不至其宮故舜見來而喜也曰惟念此臣衆汝故助我治事

不識舜不知象之將殺己與

萬章言舜不知象之將殺己與何爲好言順辭以答象也

曰奚而不知也象憂亦憂象喜亦喜

奚何也孟子曰舜何爲不知象惡己也仁人愛其弟憂喜隨之象方言思君故以順辭答之

曰然則舜僞喜者與

詐僞也萬章言如是則爲舜行至誠而詐喜以悅人矣

曰否昔者有饋生魚於鄭子產子產使校人畜之池校人烹之反命曰始舍之圉圉焉少則洋洋焉攸然而逝子產曰得其所哉得其所哉

孟子言否云舜不詐喜也因爲說子產以喻之子產鄭子國之子公孫僑大賢人也校人主池沼小吏也圉圉魚在水羸劣之貌洋洋舒緩搖尾之貌攸然迅走趣水深處也故曰得其所哉重言之者嘉得魚之志也

校人出曰孰謂子產智予既烹而食之曰得其所哉得其所哉故君子可欺以其方難罔以非其道彼以愛兄之道來故誠信而喜之奚僞焉

方類也君子可以事類欺故子產亦不知校人之烹其魚象以其愛兄之道來向舜是亦其類也故誠信之而喜何爲僞喜也

萬章問曰象日以殺舜爲事立爲天子則放之何也

怪舜放之何故

孟子曰封之也或曰放焉

舜封象於有庳或有人以爲放之

萬章曰舜流共工于幽州放驩兜于崇山殺三苗于三危殛鯀于羽山四罪而天下咸服誅不仁也象至不仁封之有庳有庳之人奚罪焉仁人固如是乎在他人則誅之在弟則封之

舜誅四佞以其惡也象惡亦甚而封之仁人用心當如是乎罪在他人當誅之在弟則封之

曰仁人之於弟也不藏怒焉不宿怨焉親愛之而已矣親之欲其貴也愛之欲其富也封之有庳富貴之也身爲天子弟爲匹夫可謂親愛之乎

孟子言仁人於弟不問善惡親愛之而已封者欲使富貴耳身既已爲天子弟雖不仁豈可爲匹夫

敢問或曰放者何謂也

萬章問放之意

曰象不得有爲於其國天子使吏治其國而納其貢稅焉故謂之放豈得暴彼民哉

象不得施教於其國天子使吏代其治而納貢賦與之比諸見放也有庳雖不得賢君象亦不侵其民也

雖然欲常常而見之故源源而來不及貢以政接於有庳

雖不使象得豫政事舜以兄弟之恩欲常常見之無已故源源而來如流水之與源通不及貢者不待朝貢諸侯常禮乃來也其間歲歲自至京師謂若天子以政事接見有庳之君者實親親之恩也

此之謂也

此常常以下皆尚書逸篇之辭孟子以告萬章言此乃象之謂也

咸丘蒙問曰語云盛德之士君不得而臣父不得而子舜南面而立堯帥諸侯北面而朝之瞽瞍亦北面而朝之舜見瞽瞍其容有蹙孔子曰於斯時也天下殆哉岌岌乎不識此語誠然乎哉

咸丘蒙孟子弟子語者諺語也言盛德之士君不敢臣父不敢子堯與瞽瞍皆臣事舜其容有蹙踖
不自安也孔子以爲君父爲臣岌岌乎不安貌也故曰殆哉不知此語實然乎

孟子曰否

言不然也

此非君子之言齊東野人之語也

東野東作田野之人所言耳咸丘蒙齊人也故聞齊野人之言書曰平秩東作謂治農事也

堯老而舜攝也堯典曰二十有八載放勳乃徂落

百姓如喪考妣三年四海遏密八音

孟子言舜攝行事耳未爲天子也放勳堯名徂落死也如喪考妣思之如父母也遏止也密無聲也

八音不作哀思甚也

孔子曰天無二日民無二王舜既爲天子矣又帥天下諸侯以爲堯三年喪是二天子矣

日一王一言不得並也

咸丘蒙曰舜之不臣堯則吾既得聞命矣

不以堯爲臣也

詩云普天之下莫非王土率土之濱莫非王臣而舜既爲天子矣敢問瞽瞍之非臣如何

詩小雅北山之篇普徧率循也徧天下循土之濱無有非王者之臣而曰瞽瞍非臣如何也

曰是詩也非是之謂也勞於王事而不得養父母也曰此莫非王事我獨賢勞也

孟子言此詩非舜臣父之謂也詩言皆王臣也何爲獨使我以賢才而勞苦不得養父母乎是以怨也

故說詩者不以文害辭不以辭害志以意逆志是爲得之如以辭而已矣雲漢之詩曰周餘黎民靡有孑遺信斯言也是周無遺民也

文詩之文章所引以興事也辭詩人所歌詠之辭志詩人志所欲之事意學者之心意也孟子言之說詩者當本之不可以文害其辭文不顯乃反顯也不可以辭害其志辭曰周餘黎民靡有孑遺志在憂旱災民無孑然遺脫不遭旱災者非無民也人情不遠以己之意逆詩人之志是爲得其實矣王者有所不臣不可謂皆爲王臣謂舜臣其父也

孝子之至莫大乎尊親尊親之至莫大乎以天下養爲天子父尊之至也以天下養養之至也

尊之至瞽瞍爲天子之父養之至舜以天下之富奉養其親至極也

詩曰永言孝思孝思維則此之謂也

詩大雅下武之篇周武王所以長言孝道欲以爲天下法則此舜之謂也

書曰祗載見瞽瞍夔夔齋栗瞽瞍亦允若是爲父不得而子也

書尚書逸篇祗敬載事也夔夔齋栗敬慎戰懼貌舜既爲天子敬事嚴父戰慄以見瞽瞍瞍亦信知舜之大孝若是爲父不得而子也以此解咸丘蒙之疑

萬章曰堯以天下與舜有諸

欲知堯實以天下與舜否

孟子曰否

堯不與之

天子不能以天下與人

當與天意合之非天命者天子不能違天命也堯曰咨爾舜天之歷數在爾躬是也

然則舜有天下也孰與之

萬章言誰與之也

曰天與之

孟子言天與之

天與之者諄諄然命之乎

萬章言天有聲音命與之乎

曰否天不言以行與事示之而已矣

孟子曰天不言語但以其人之所行善惡又以其事從而示天下也

曰以行與事示之者如之何

萬章欲知示之之意

曰天子能薦人於天不能使天與之天下諸侯能薦人於天子不能使天子與之諸侯大夫能薦人於諸侯不能使諸侯與之大夫昔者堯薦舜於天而天受之暴之於民而民受之故曰天不言以行與事示之而已矣

孟子言下能薦人於上不能令上必用之舜天人所受故得天下也

曰敢問薦之於天而天受之暴之於民而民受之如何

萬章言天人受之其事云何

曰使之主祭而百神享之是天受之使之主事而事治百姓安之是民受之也天與之人與之故曰天子不能以天下與人

百神享之祭祀得福也百姓安之民皆謳歌其德也

舜相堯二十有八載非人之所能爲也天也

二十八年之久非人爲也天與之也

堯崩三年之喪畢舜避堯之子於南河之南天下諸侯朝覲者不之堯之子而之舜訟獄者不之堯之子而之舜謳歌者不謳歌堯之子而謳歌舜故曰天也夫然後之中國踐天子位焉而居堯之宮逼堯之子是簒也非天與也

南河之南遠地南夷也故言然後之中國堯子胤子丹朱訟獄獄不決其罪故訟之謳歌謳歌舜德也

泰誓曰天視自我民視天聽自我民聽此之謂也

泰誓尚書篇名自從也言天之視聽從人所欲也

萬章問曰人有言至於禹而德衰不傳於賢而傳於子有諸

問禹之德衰不傳於賢而自傳於子有之否乎

孟子曰否不然也天與賢則與賢天與子則與子

言隨天也

昔者舜薦禹於天十有七年舜崩三年之喪畢禹避舜之子於陽城天下之民從之若堯崩之後不從堯之子而從舜也禹薦益於天七年禹崩三年之喪畢益避禹之子於箕山之陰朝覲訟獄者不之益而之啓曰吾君之子也謳歌者不謳歌益而謳歌啓曰吾君之子也丹朱之不肖舜之子亦不肖舜之相堯禹之相舜也歷年多施澤於民久啓賢能敬承繼禹之道益之相禹也歷年少施澤於民未久

舜薦禹禹薦益同也以啓之賢故天下歸之益又未久故也陽城箕山之陰皆嵩山下深谷之中以藏處也

舜禹益相去久遠其子之賢不肖皆天也非人之所能爲也莫之爲而爲者天也莫之致而至者命也

莫無也人無所欲爲而横爲之者天使爲也人無欲致此事而此事自至者自其命而已矣故曰命也

匹夫而有天下者德必若舜禹而又有天子薦之者故仲尼不有天下繼世而有天下

仲尼無天子之薦故不得以有天下繼世之君雖無仲尼之德襲父之位非匹夫故得有天下也

天之所廢必若桀紂者也故益伊尹周公不有天下

益值啓之賢伊尹值太甲能改過周公值成王有德不遭桀紂故以匹夫而不有天下

伊尹相湯以王於天下湯崩太丁未立外丙二年仲壬四年太甲顛覆湯之典刑伊尹放之於桐三年太甲悔過自怨自艾於桐處仁遷義三年以聽伊尹之訓己也復歸於亳

太甲湯之太子未立而薨外丙立二年仲壬立四年皆太丁之弟也太甲太丁子也伊尹以其顛覆典刑放之於桐邑處居也遷徙也居仁徙義自怨其惡行艾治也治而改過以聽伊尹之教訓己故復得歸之於亳反天子位也

周公之不有天下猶益之於夏伊尹之於殷也孔子曰唐虞禪夏后殷周繼其義一也

周公與益伊尹雖有聖賢之德不遭者時然孔子言禪繼其義一也

萬章問曰人有言伊尹以割烹要湯有諸

人言伊尹負鼎俎而干湯有之否

孟子曰否不然

否不是也

伊尹耕於有莘之野而樂堯舜之道焉非其義也

非其道也祿之以天下弗顧也繫馬千駟弗視也非其義也非其道也一介不以與人一介不以取諸人
有莘國名伊尹初隱之時耕於有莘之國樂仁義之道非仁義之道者雖以天下之祿加之不一顧而觀也千駟四千匹也雖多不一眄視也一介草不以與人亦不以取於人也

湯使人以幣聘之囂囂然曰我何以湯之聘幣爲哉我豈若處畎畝之中由是以樂堯舜之道哉
湯聞其賢以玄纁之幣帛往聘之囂囂然自得之志無欲之貌也曰豈若居畎畝之中而無憂哉樂我堯舜仁義之道

湯三使往聘之既而幡然改曰與我處畎畝之中由是以樂堯舜之道吾豈若使是君爲堯舜之君哉吾豈若使是民爲堯舜之民哉吾豈若於吾身親見之哉
幡反也三聘既至而後幡然改本之計欲就湯聘以行其道使君爲堯舜之君使民爲堯舜之民

天之生此民也使先知覺後知使先覺覺後覺也予天民之先覺者也予將以斯道覺斯民也非予覺之而誰也
覺悟也天欲使先知之人悟後知之人我先悟覺者也我欲以此仁義之道覺悟此未知之民非我悟之將誰教乎

思天下之民匹夫匹婦有不被堯舜之澤者若己推而內之溝中其自任以天下之重如此故就湯而說之以伐夏救民
伊尹思念不以仁義之道化民者如己推排內之溝壑中也自任之重如此故就湯說之伐夏桀救民之德也

吾未聞枉己而正人者也況辱己以正天下者乎
枉己者尚不能以正人況於辱己之身而有正天下者也

聖人之行不同也或遠或近或去或不去歸潔其身而已矣
不同謂所由不同大要當同歸但殊塗耳或遠者處身遠也或近者仕者近君也或去者不屑就也或不去者爾焉能浼我也歸潔於身不污己而已

吾聞其以堯舜之道要湯未聞以割烹也
我聞伊尹以仁義干湯致湯爲王不聞以割烹牛羊爲道

伊訓曰天誅造攻自牧宮朕載自亳
伊訓尚書逸篇名牧宮桀宮朕我也謂湯也載始也亳殷都也言意欲誅伐桀造作可攻討之罪者從牧宮桀起自取之也湯曰我始與伊尹謀之於亳遂順天而誅之也

萬章問曰或謂孔子於衛主癰疽於齊主侍人瘠環有諸乎
有人以孔子主於癰疽癰疽之醫者也瘠環姓環名侍人也衛君齊君之所近狎人也

孟子曰否不然也好事者爲之也
否不也不如是也但好事毀人德行者爲之辭爾

於衞主顏讎由彌子之妻與子路之妻兄弟也彌子謂子路曰孔子主我衞卿可得也子路以告孔子曰有命孔子進以禮退以義得之不得曰有命而主癰疽與侍人瘠環是無義無命也

顏讎由衞賢大夫孔子以爲主彌子彌子瑕也因子路欲爲孔子主孔子知彌子幸於靈公不以正道故不納之而歸於命也孔子進以禮退以義必曰有天命也若主此二人是爲無義無命者也

孔子不悅於魯衞遭宋桓司馬將要而殺之微服而過宋是時孔子當阨主司城貞子爲陳侯周臣

孔子以道不合不見悅魯衞之君而去適諸侯遭宋桓魋之故乃變更微服而過宋司城貞子宋卿也雖非大賢亦無諂惡之罪故諡爲貞子陳侯周陳懷公子也爲楚所滅故無諡但曰陳侯周是時孔子遭阨難不暇擇大賢臣而主貞子爲陳侯周臣也於衞齊無阨難何爲主癰疽瘠環者也

吾聞觀近臣以其所爲主觀遠臣以其所主若孔子主癰疽與侍人瘠環何以爲孔子

近臣當爲遠方來賢者爲主遠臣自遠而至當主於在朝之臣賢者若孔子主於卑幸之臣是爲凡人耳何謂孔子得見稱爲聖人

萬章問曰或曰百里奚自鬻於秦養牲者五羊之皮食牛以要秦繆公信乎

人言百里奚自賣五羖羊皮爲人養牛以是而要秦繆之相實然不

孟子曰否不然好事者爲之也

好事毀敗人之德行者爲設此言也

百里奚虞人也晉人以垂棘之璧與屈產之乘假道於虞以伐虢宮之奇諫

垂棘美玉所出地名屈產地良馬所生乘四馬也皆晉國之所寶宮之奇虞之賢臣諫之不欲令虞公受璧馬而假晉道

百里奚不諫知虞公之不可諫而去之秦年已七十矣曾不知以食牛干秦繆公之爲汙也可謂智乎不可諫而不諫可謂不智乎知虞公之將亡而先去之不可謂不智也時舉於秦知繆公之可與有行也而相之可謂不智乎相秦而顯其君於天下可傳於後世不賢而能之乎

百里奚知虞公之不可諫而去之秦年七十而不知食牛干人君之爲汙是爲不智也欲言其不智下有三智知食牛干秦爲不然也卒相秦顯其君不賢之人豈能如是言其實賢也

自鬻以成其君鄉黨自好者不爲而謂賢者爲之乎

人自鬻於汙辱而已輔相成立其君鄉黨邑里自喜好名者尚不肯爲也況賢人肯辱身而爲之乎

孟子卷九

孟子卷十

漢太常京兆趙　岐註
明後學東吳葛　鼒訂

萬章章句下

孟子曰：伯夷目不視惡色，耳不聽惡聲；非其君不事，非其民不使；治則進，亂則退。橫政之所出，橫民之所止，不忍居也。思與鄉人處，如以朝衣朝冠坐於塗炭也。當紂之時，居北海之濱，以待天下之清也。故聞伯夷之風者，頑夫廉，懦夫有立志。

孟子反覆言伯夷、伊尹、柳下惠之德，以爲足以配於聖人，故數章陳之，猶詩人有所誦述，至於數四。蓋其留意者也。義見上篇矣。此復言不視惡色，謂行不正而有美色者，若夏姬之比也。耳不聽惡聲，謂鄭聲也。後世聞其風者，頑貪之夫更思廉潔，懦弱之人更思有立義之志也。

伊尹曰：何事非君？何使非民？治亦進，亂亦進。曰：天之生斯民也，使先知覺後知，使先覺覺後覺。予，天民之先覺者也，予將以此道覺此民也。思天下之民匹夫匹婦有不與被堯舜之澤者，如己推而內之溝中，其自任以天下之重也。

說與上同。

柳下惠不羞汙君，不辭小官，進不隱賢，必以其道，遺佚而不怨，阨窮而不憫，與鄉人處，由由然不忍去也。爾爲爾，我爲我，雖袒裼裸裎於我側，爾焉能浼我哉。故聞柳下惠之風者，鄙夫寬，薄夫敦。

鄙狹者更寬優，薄淺者更深厚。

孔子之去齊，接淅而行；去魯，曰：遲遲吾行也，去父母國之道也。可以速而速，可以久而久，可以處而處，可以仕而仕，孔子也。

淅，漬米也。不及炊，避惡亟也。魯，父母之國，遲遲不忍去也。是其道也。孔子聖人，故能量時宜，動中權也。

孟子曰：伯夷，聖之清者也；伊尹，聖之任者也；柳下惠，聖之和者也；孔子，聖之時者也。孔子之謂集大成。集大成也者，金聲而玉振之也。金聲也者，始條理也；玉振之也者，終條理也。

伯夷清，伊尹任，柳下惠和，皆得聖人之道也。孔子時行則行，時止則止，孔子集先聖之大道，以成己之聖德者也。故能金聲而玉振之。振，揚也。故如金音之有殺，振揚玉音，終始如一也。始條理者，金從革，可治之使條理。終條理者，玉終其聲而不細也。合三德而不撓也。

始條理者，智之事也；終條理者，聖之事也。

智者知理物，聖人終始同。

智，譬則巧也；聖，譬則力也。由射於百步之外也，其至，爾力也；其中，非爾力也。

智，譬猶人之有技巧也，可學而益之。以聖譬猶力之有多少，自有極限，不可强增。聖人受天性，可庶

幾而不可及也夫射遠而至爾努力也其中的者爾之巧也思改其手用巧意乃能中也

北宮錡問曰周室班爵祿也如之何

北宮錡衛人班列也問周家班列爵祿等差謂何

孟子曰其詳不可得聞也諸侯惡其害己也而皆去其籍然而軻也嘗聞其略也

詳悉也不可得備知也諸侯欲恣行憎惡其法度妨害己之所為故滅去典籍今周禮司祿之官無其職是則諸侯皆去之故使不復存也軻孟子名也略麤也言嘗聞其大綱如此矣今考之禮記王制則合也

天子一位公一位侯一位伯一位子男同一位凡五等也

公謂上公九命及二王後也自天子以下列尊卑之位凡五等

君一位卿一位大夫一位上士一位中士一位下士一位凡六等

諸侯法天子臣名亦有此六等從君下至於士

天子之制地方千里公侯皆方百里伯七十里子男五十里凡四等不能五十里不達於天子附於諸侯曰附庸

凡此四等土地之等差也天子封畿千里諸侯方百里象雷震也小者不能特達於天子因大國以名通曰附庸也

天子之卿受地視侯大夫受地視伯元士受地視子男

視比也天子之卿大夫士所受采地之制

大國地方百里君十卿祿卿祿四大夫大夫倍上士上士倍中士中士倍下士下士與庶人在官者同祿祿足以代其耕也

公侯之國為大國卿祿居於君祿十分之一也大夫祿居卿祿四分之一也上士之祿居大夫祿二分之一也中士下士轉相倍庶人在官者未命為士者也其祿比上農夫不得耕以祿代耕也

次國地方七十里君十卿祿卿祿三大夫大夫倍上士上士倍中士中士倍下士下士與庶人在官者同祿祿足以代其耕也

伯為次國大夫祿居卿祿三分之一也

小國地方五十里君十卿祿卿祿二大夫大夫倍上士上士倍中士中士倍下士下士與庶人在官者同祿祿足以代其耕也

子男為小國大夫祿居卿祿二分之一也

耕者之所獲一夫百畝百畝之糞上農夫食九人上次食八人中食七人中次食六人下食五人庶人在官者其祿以是為差

獲得也一夫一婦佃田百畝百畝之田加之以糞是為上農夫其所得穀足以食九口庶人在官者食祿之等差由農夫有上中下之次亦有此五等若今之斗食佐史除吏也

萬章問曰敢問友

問朋友之道也

孟子曰不挾長不挾貴不挾兄弟而友友也者友其德也不可以有挾也

長年長貴貴勢兄弟兄弟有富貴者不挾是乃爲友謂相友以德也

孟獻子百乘之家也有友五人焉樂正裘牧仲其三人則予忘之矣獻子之與此五人者友也無獻子之家者也此五人者亦有獻子之家則不與之友矣

獻子魯卿孟氏也有百乘之賦樂正裘牧仲其五人也皆賢人無位者也此五人者自有獻子之家富貴而復有德不肯與獻子友也獻子以其富貴下此五人五人屈禮而就之也

非惟百乘之家爲然也雖小國之君亦有之費惠公曰吾於子思則師之矣吾於顏般則友之矣王順長息則事我者也

小國之君若費惠公者也王順長息德不能見師友故曰事我者也

非惟小國之君爲然也雖大國之君亦有之晉平公於亥唐也入云則入坐云則坐食云則食雖蔬食菜羹未嘗不飽蓋不敢不飽也然終於此而已矣

大國之君如晉平公者也亥唐晉賢人也隱居陋巷晉平公嘗往造之亥唐言入平公乃入言坐乃坐言食乃食也蔬食糲食也不敢不飽敬賢也終於此平公但以此禮下之而已

弗與共天位也弗與治天職也弗與食天祿也士之尊賢者也非王公之尊賢也

位職祿皆天之所以授賢者而平公不與亥唐共之而但卑身下之是乃匹夫尊賢者之禮耳王公尊賢當與共天職矣

舜尚見帝帝館甥於貳室亦饗舜迭爲賓主是天子而友匹夫也

尚上也舜在畎畝之時堯友禮之舜上見堯堯舍之於貳室貳室副宮也堯亦就享舜之所設更迭爲賓主禮謂妻父曰外舅謂我舅者吾謂之甥堯以女妻舜故謂舜甥卒與之天位是天子而友匹夫也

用下敬上謂之貴貴用上敬下謂之尊賢貴貴尊賢其義一也

下敬上臣恭於君也上敬下君禮於臣也皆禮所尚故云其義一也

萬章曰敢問交際何心也

際接也問交接道當執何心爲可也

孟子曰恭也

當執恭敬爲心

曰卻之卻之爲不恭何哉

萬章問卻不受尊者禮謂之不恭何然也

曰尊者賜之曰其所取之者義乎不義乎而後受

之以是爲不恭故弗卻也。

孟子曰，今尊者賜己，己問其所取此物寧以義乎。得無不義乃後受之，以是爲不恭，故不當問尊者不義而卻之也。

曰：「請無以辭卻之，以心卻之，曰『其取諸民之不義也』，而以他辭無受，不可乎？」

萬章曰，請無正以不義之辭卻也，心知其不義，以他辭讓無受之，不可邪。

曰：「其交也以道，其接也以禮，斯孔子受之矣。」

孟子言其來交求己以道理，其接待己有禮者，若斯孔子受之矣，蓋言其可受之也。

萬章曰：「今有禦人於國門之外者，其交也以道，其餽也以禮，斯可受禦與？」

禦人以兵禦人而奪之貨，如是而以禮道來交接己，斯可受乎。

曰：「不可。康誥曰：『殺越人於貨，閔不畏死，凡民罔不譈。』是不待教而誅者也。殷受夏，周受殷，所不辭也。於今爲烈，如之何其受之？」

孟子曰，不可受也。康誥，尚書篇名，周公戒成王康叔封越于者於也，殺於人取於貨，閔然不知畏死者譈殺也，凡民無不得殺之者也，若此之惡不待君之教命，遭人得討之，三代相傳以此法，不須辭問也。於今爲烈烈，明法，如之何受其餽也。

曰：「今之諸侯取之於民也，猶禦也。苟善其禮際矣，斯君子受之，敢問何說也？」

萬章曰，今之諸侯賦稅於民，不由其道，履敢強求，猶禦人也，欲善其禮以接君子，君子欲受之，何說也，君子謂孟子也。

曰：「子以爲有王者作，將比今之諸侯而誅之乎？其教之不改而後誅之乎？夫謂非其有而取之者盜也，充類至義之盡也。孔子之仕於魯也，魯人獵較，孔子亦獵較。獵較猶可，而況受其賜乎？」

孟子謂萬章曰，子以爲後如有聖人興作，將比地盡誅今之諸侯乎，將教之其不改者乃誅之乎。言必教之，誅其不改者也。殷之衰亦猶周之未，武王不盡誅殷之諸侯，滅國五十而已，知後王者亦不盡誅也。謂非其有而竊取之者爲盜，充滿至甚也，滿其類大過至者，但義盡耳，未爲盜也。諸侯本當稅民之類者，今大盡耳，亦不可比於禦。孔子隨魯人之獵較，獵較者，田獵相較，奪禽獸得之以祭，時俗所尚，以爲吉祥，孔子不違而從之，所以小同於世也。獵較尚猶可爲，況受其賜而不可也。

曰：「然則孔子之仕也，非事道與？」

萬章問孔子之仕，非欲事行其道與。

曰：「事道也。」

孟子曰，孔子所仕者，欲事行其道。

「事道奚獵較也？」

萬章曰，孔子欲事道，如何可獵較也。

曰：「孔子先簿正祭器，不以四方之食供簿正。」

孟子曰，孔子仕於衰世，不可卒暴改戾，故以漸正之，先爲簿書以正其宗廟祭祀之器，即其舊禮，取備於國中，不以四方珍食供其所簿正之器。度珍食難常有，乏絕則爲不敬，故獵較以祭也。

曰：「奚不去也？」

萬章曰孔子不得行道何爲不去也
曰爲之兆也兆足以行矣而不行而後去是以未嘗有所終三年淹也
兆始也孔子每仕常爲之正本造始欲以次治之而不見用占其事始而退足以行之矣而君不行也然後則孔子去矣終者竟也孔子未嘗得竟事一國也三年淹留而不去者也
孔子有見行可之仕有際可之仕有公養之仕於季桓子見行可之仕也於衛靈公際可之仕也於衛孝公公養之仕也
行可冀可行道也魯卿季桓子秉國之政孔子仕之冀可得因之行道也際接也衛靈公接遇孔子以禮故見之也衛孝公以國君養賢者之禮養孔子孔子故宿留以荅之也
孟子曰仕非爲貧也而有時乎爲貧娶妻非爲養也而有時乎爲養
仕本爲行道濟民也而有以居貧親老而仕者娶妻本爲繼嗣也而有以親執釜竈不擇妻而娶者
爲貧者辭尊居卑辭富居貧
爲貧之仕當讓高顯之位無求重祿
辭尊居卑辭富居貧惡乎宜乎抱關擊柝
辭尊富者安所宜也宜居抱關擊柝監門之職也柝門關之木也擊椎之也或曰柝行夜所擊木也傳曰魯擊柝聞於邾
孔子嘗爲委吏矣曰會計當而已矣嘗爲乘田矣曰牛羊茁壯長而已矣位卑而言高罪也立乎人之本朝而道不行恥也
孔子嘗以貧而祿仕委吏主委積倉庾之吏也不失會計當直其多少而已乘田苑囿之吏也主六畜之芻牧者也牛羊茁壯肥好長大而已茁生長貌也詩云彼茁者葭位卑不得高言豫朝事故但稱職而已立本朝大道當行不行爲己之恥是以君子祿仕者不處大位
萬章曰士之不託諸侯何也
託寄也謂若寄公食祿於所託之國也
孟子曰不敢也諸侯失國而後託於諸侯禮也士之託於諸侯非禮也
謂士位輕本非諸侯敵體故不敢比失國諸侯得爲寄公也
萬章曰君餽之粟則受之乎
士窮而無祿君餽之粟則可受之乎
曰受之
孟子曰受之也
受之何義也
萬章曰受粟何義也
曰君之於氓也固周之
氓民也孟子曰君之於民固當周其窮乏況於士乎
曰周之則受賜之則不受何也
萬章言士窮居周之則受賜之則不受何也周者謂周急廩貧民之常料也賜者謂禮賜橫加也
曰不敢也

孟子曰士不敢受賜

曰敢問其不敢何也

萬章問何爲不敢

曰抱關擊柝者皆有常職以食於上無常職而賜於上者以爲不恭也

孟子曰有職事者可食於上祿士不仕自以不任職事而空受賜爲不恭故不受也

曰君餽之則受之不識可常繼乎

萬章曰君禮餽賢臣賢臣受之不知可繼續而常來致之乎將當輒更以君命將之也

曰繆公之於子思也亟問亟餽鼎肉子思不悅於卒也標使者出諸大門之外北面稽首再拜而不受曰今而後知君之犬馬畜伋蓋自是臺無餽也

孟子曰魯繆公時尊禮子思數問數餽鼎肉子思以君命道其不悅也於卒者末後復來時也標麾也麾使者出大門之外再拜叩頭不受曰今而後知君以犬馬畜伋伋子思名也責君之不優以不煩而但數與之食物若養犬馬臺賤官主使令者傳曰僕臣臺從是之後臺不持餽來繆公慍也慍恨也

悅賢不能舉又不能養也可謂悅賢乎

孟子譏繆公之雖欲有悅賢之意而不能舉用使行其道又不能優養終竟之豈可謂能悅賢也

曰敢問國君欲養君子如何斯可謂養矣

萬章問國君養賢之法也

曰以君命將之再拜稽首而受其後廩人繼粟庖人繼肉不以君命將之子思以爲鼎肉使己僕僕爾亟拜也非養君子之道也

將者行也孟子曰始以君命行禮拜受之其後倉廩之吏繼其粟將盡復送治宰之人日送其肉不復以君命者欲使賢者不答以敬所以優之也子思所以非繆公者以爲鼎肉使己數拜故也僕僕煩猥貌謂其不得養君子之道也

堯之於舜也使其子九男事之二女女焉百官牛羊倉廩備以養舜於畎畝之中後舉而加諸上位故曰王公之尊賢者也

堯之於舜如是是王公尊賢之道九男以下已說於上篇上位尊帝位也

萬章曰敢問不見諸侯何義也

問諸侯聘請而夫子不見之於義何取也

孟子曰在國曰市井之臣在野曰草莽之臣皆謂庶人庶人不傳質爲臣不敢見於諸侯禮也

在國謂都邑也民會於市故曰市井之臣在野居之曰草莽之臣莽亦草也庶衆也庶衆之人未得爲臣傳執也見君之質執雉之屬也未爲臣則不敢見之禮也

萬章曰庶人召之役則往役君欲見之召之則不往見之何也

庶人召使給役事則往供役事君召之見不肯往見何也

曰往役義也往見不義也且君之欲見之也何爲也哉

孟子曰庶人法當給役故往役義也庶人非臣也不當見君故往見不義也且君何爲欲見而召之也

曰爲其多聞也爲其賢也

萬章曰君以是欲見之也

曰爲其多聞也則天子不召師而況諸侯乎爲其賢也則吾未聞欲見賢而召之也

孟子曰安有召師召賢之禮而可往見

繆公亟見於子思曰古千乘之國以友士何如子思不悅曰古之人有言曰事之云乎豈曰友之云乎子思之不悅也豈不曰以位則子君也我臣也何敢與君友也以德則子事我者也奚可以與我友千乘之君求與之友而不可得也而況可召與

魯繆公欲友子思子思不悅而稱曰古人曰見賢人當事之豈云友之邪孟子云子思所以不悅者豈不謂臣不可友君弟子不可友師也若子思之意亦不可友況乎可召之

齊景公田招虞人以旌不至將殺之志士不忘在溝壑勇士不忘喪其元孔子奚取焉取非其招不往也

已說於上篇

曰敢問招虞人何以

萬章問招虞人當何用也

曰以皮冠庶人以旃士以旂大夫以旌

孟子曰招禮若是皮冠弁也旃通帛也因章曰旃旃旌有鈴者旌注旄於首者

以大夫之招招虞人虞人死不敢往以士之招招庶人庶人豈敢往哉況乎以不賢人之招招賢人乎

以貴者之招招賤人賤人尚不敢往況以不賢人之招招賢人乎不賢之招是不以禮者也

欲見賢人而不以其道猶欲其入而閉之門也夫義路也禮門也惟君子能由是路出入是門也

欲人之入而閉其門何得而入乎閉門如閉禮也

詩云周道如底其直如矢君子所履小人所視

詩小雅大東之篇底平矢直視比也周道平直君子履直道小人比而則之以喻虞人能効君子守死善道也

萬章曰孔子君命召不俟駕而行然則孔子非與

俟待也孔子不待駕而應君命也孔子爲之非與

曰孔子當仕有官職而以其官召之也

孟子言孔子所以不待駕者孔子當仕位有官職之事君以其官名召之豈得不顛倒詩云顛之倒之自公召之不謂賢者無位而君欲召見也

孟子謂萬章曰一鄉之善士斯友一鄉之善士一國之善士斯友一國之善士天下之善士斯友天下之善士

鄉一鄉之善者國一國之善者天下四海之內各以大小來相友自爲疇匹也

以友天下之善士為未足。又尚論古之人。頌其詩。讀其書。不知其人可乎。是以論其世也。是尚友也。

好善者。以天下之善士為未足。極其善道也。尚。上也。乃復上論古之人。頌其詩。詩歌國近。故曰頌。讀其書者。猶恐未知古人高下。故論其世以別之也。在三皇之世為上。在五帝之世為次。在三王之世為下。是為好上友之人也。

齊宣王問卿。孟子曰。王何卿之問也。

王問何卿也。

王曰。卿不同乎。曰。不同。有貴戚之卿。有異姓之卿。

孟子曰。卿不同。貴戚之卿。謂內外親族也。異姓之卿。謂有德命為王卿也。

王曰。請問貴戚之卿。

問貴戚之卿如何。

曰。君有大過則諫。反覆之而不聽。則易位。

孟子曰。貴戚之卿。反覆諫君。君不聽。則欲易君之位。更立親戚之賢者。

王勃然變乎色。

王聞此言。慍怒而驚懼。故勃然變色。

曰。王勿異也。王問臣。臣不敢不以正對。

孟子曰。王勿怪也。王問臣。臣不敢不以其正義對。

王色定。然後請問異姓之卿。

王意解。顏色定。復問異姓之卿如之何也。

曰。君有過則諫。反覆之而不聽。則去。

孟子言異姓之卿諫君。反覆諫君。而君遂不聽之。則去而之他國也。

孟子卷十

孟子卷十一

漢太常京兆趙　岐註

明後學東吳金　蟠訂

告子章句上

告子者告姓也子男子之通稱也名不害兼治儒墨之道者嘗學於孟子而不能純徹性命之理論語曰子罕言命謂性命難言也以告子能執弟子之問故以題篇

告子曰性猶杞柳也義猶桮棬也以人性爲仁義猶以杞柳爲桮棬

告子以爲人性爲才幹義爲成器猶以杞柳之木爲桮棬也杞柳柜柳也一曰杞木名也詩云北山有杞桮棬桮素也

孟子曰子能順杞柳之性而以爲桮棬乎將戕賊杞柳而後以爲桮棬也

戕猶殘也春秋傳曰戕舟發梁所能順完杞柳不傷其性而成其桮棬乎將斤斧殘賊之乃可以爲桮棬乎言必殘賊也

如將戕賊杞柳而以爲桮棬則亦將戕賊人以爲仁義與

孟子言以人身爲仁義豈可復殘傷其形體乃成仁義邪明不可比桮棬

率天下之人而禍仁義者必子之言夫

以告子轉性爲仁義若轉木以成器必殘賊之故言率人以禍仁義者必子之言夫蓋歎辭也

告子曰性猶湍水也決諸東方則東流決諸西方則西流人性之無分於善不善也猶水之無分於東西也

湍水圜也謂湍湍縈水也告子以喻人性若是水也善惡隨物而化無本善不善之性也

孟子曰水信無分於東西無分於上下乎人性之善也猶水之就下也人無有不善水無有不下今夫水搏而躍之可使過顙激而行之可使在山是豈水之性哉其勢則然也人之可使爲不善其性亦猶是也

孟子曰水誠無分於東西故決之而往也水豈無分於上下乎水性但欲下耳人性生而有善猶水之欲下也所以知人皆有善性似水無有不下者也躍跳顙額也人以手跳水可使過顙激之可令上山皆迫於勢耳非水之性也人之可使爲不善非順其性也亦妄爲利欲之勢所誘迫耳猶是水也言其本性非不善也

告子曰生之謂性

凡物生同類者皆同性

孟子曰生之謂性也猶白之謂白與

猶見白物皆謂之白無異性

曰然

告子曰然

白羽之白也猶白雪之白白雪之白猶白玉之白歟

孟子以爲羽性輕雪性消玉性堅雖俱白其性不同問告子以三白之性同邪

曰然

告子曰然誠以爲同也

然則犬之性猶牛之性牛之性猶人之性歟

孟子言犬之性豈與牛同所欲牛之性豈與人同所欲乎

告子曰食色性也仁內也非外也義外也非內也

人之甘食悅色者人之性也仁由內出義在外也不從己身出也

孟子曰何以謂仁內義外也

孟子怪告子是言也

曰彼長而我長之非有長於我也猶彼白而我白之從其白於外也故謂之外也

告子言見彼人年老長大故我長敬之長大者非在我者也猶白色見於外者也

曰異於白馬之白也無以異於白人之白也不識長馬之長也無以異於長人之長歟且謂長者義乎長之者義乎

孟子曰長異於白白馬白人同謂之白可也不知敬老馬無異於敬老人邪且謂老者爲義乎將謂敬老者爲有義乎且敬老者己也何以爲外也

曰吾弟則愛之秦人之弟則不愛也是以我爲悅者也故謂之內長楚人之長亦長吾之長是以長爲悅者也故謂之外也

告子曰愛從己則己心悅故謂之內所悅喜老者在外故曰外也

曰耆秦人之炙無以異於耆吾炙夫物則亦有然者也然則耆炙亦有外歟

孟子曰耆炙同等情出於中敬楚人之老與敬己之老亦同己情性敬之雖非己炙同美故曰物則有然者也如耆炙之意豈在外邪言楚秦喻遠也

孟季子問公都子曰何以謂義內也

季子亦以爲義外也

曰行吾敬故謂之內也

公都子曰以敬在心而行之故言內也

鄉人長於伯兄一歲則誰敬

季子曰誰敬也

曰敬兄

公都子曰當敬兄也

酌則誰先

季子曰酌酒則誰先酌

曰先酌鄉人

公都子曰當先鄉人

所敬在此所長在彼果在外非由內也

季子曰所敬者兄也所酌者鄉人也如此義果在外不由內也果猶竟也

公都子不能答以告孟子

公都子無以答季子之問

孟子曰敬叔父乎敬弟乎彼將曰敬叔父曰弟爲尸則誰敬彼將曰敬弟子曰惡在其敬叔父也彼將曰在位故也子亦曰在位故也庸敬在兄斯須之敬在鄉人

孟子使公都子答季子如此言弟以在尸位故敬之鄉人以在賓位故先酌之耳庸常也常敬在兄斯須之敬在鄉人

季子聞之曰敬叔父則敬敬弟則敬果在外非由內也

隨敬所在而敬之果在外

公都子曰冬日則飲湯夏日則飲水然則飲食亦在外也

湯水雖異名其得寒溫者中心也雖隨敬之所在亦中心敬之猶飲食從人所欲豈可復謂之外也

公都子曰告子曰性無善無不善也

公都子道告子以爲人性在化無本善不善也

或曰性可以爲善可以爲不善是故文武興則民好善幽厲興則民好暴

公都子曰或人以爲可教以善不善亦由告子之意也故文武聖化之起民皆喜爲善幽厲虐政之起民皆好暴亂

或曰有性善有性不善是故以堯爲君而有象以瞽瞍爲父而有舜以紂爲兄之子且以爲君而有微子啓王子比干

公都子曰或人以爲各有性善惡不可化移堯爲君象爲臣不能使之爲善瞽瞍爲父不能化舜爲惡紂爲君又與微子比干有兄弟之親亦不能使其二子爲不仁是亦各有性也矣

今曰性善然則彼皆非歟

公都子曰告子之徒其論如此今孟子曰人性盡善然則彼之所言皆爲非歟

孟子曰乃若其情則可以爲善矣乃所謂善也若夫爲不善非才之罪也

若順也性與情相爲表裏性善勝情情則從之孝經云此哀戚之情情從性也能順此情使之善者真所謂善也若隨人而強作善者非善者之善也若爲不善者非所受天才之罪物動之故也

惻隱之心人皆有之羞惡之心人皆有之恭敬之心人皆有之是非之心人皆有之惻隱之心仁也羞惡之心義也恭敬之心禮也是非之心智也仁義禮智非由外鑠我也我固有之也弗思耳矣故曰求則得之舍則失之或相倍蓰而無算者不能盡其才者也

仁義禮智人皆有其端懷之於內非從外銷鑠我也求存之則可得而用之舍縱之則亡失之矣故人之善惡或相倍蓰或至於無算者不得相與計多少言其絕遠也所以惡乃至是者不能自盡其才性也故使有惡人非天獨與此人惡性其有下愚不移者也譬若乎被疾不成之人所謂童昏也

詩曰天生蒸民有物有則民之秉彝好是懿德孔

子曰爲此詩者其知道乎故有物必有則民之秉彝也故好是懿德詩大雅烝民之篇言天生烝民有物則有所法則人法天也民之秉彝彝常也常好美德孔子謂之知道故曰人皆有是善者也

孟子曰富歲子弟多賴凶歲子弟多暴非天之降才爾殊也其所以陷溺其心者然也富歲豐年也凶歲飢饉也子弟凡人之子弟也賴善暴惡也非天降下才性與之異也以飢寒之阸陷溺其心使爲惡者也

今夫麰麥播種而耰之其地同樹之時又同浡然而生至於日至之時皆熟矣雖有不同則地有肥磽雨露之養人事之不齊也麰麥大麥也詩云貽我來麰言人性之同如此麰麥其不同者人事雨澤有不足地之有肥磽耳磽薄也

故凡同類者舉相似也何獨至於人而疑之聖人與我同類者聖人亦人也其相覺者以心知耳故體類與人同故舉相似也

故龍子曰不知足而爲屨我知其不爲蕢也屨之相似天下之足同也龍子古賢人也雖不知足大小作屨者猶不更作蕢蕢草器也以屨相似天下之足略同故也

口之於味有同耆也易牙先得我口之所耆者也如使口之於味也其性與人殊若犬馬之與我不同類也則天下何耆皆從易牙之於味也至於味天下期於易牙是天下之口相似也人口之所耆者相似故皆以易牙爲知味言口之同也

惟耳亦然至於聲天下期於師曠是天下之耳相似也耳亦猶口也天下皆以師曠爲知聲之微妙也

惟目亦然至於子都天下莫不知其姣也不知子都之姣者無目者也目亦猶耳也子都古之姣好者也詩云不見子都乃見狂且儻無目者乃不知子都好耳言目之同也

故曰口之於味也有同耆焉耳之於聲也有同聽焉目之於色也有同美焉至於心獨無所同然乎言人之心性皆同也

心之所同然者何也謂理也義也聖人先得我心之所同然耳故理義之悅我心猶芻豢之悅我口心所同耆者義理也理者得道之理聖人先得理義之要耳理義之悅心如芻豢之悅口誰不同也

孟子曰牛山之木嘗美矣以其郊於大國也斧斤伐之可以爲美乎是其日夜之所息雨露之所潤非無萌蘖之生焉牛羊又從而牧之是以若彼濯濯

也人見其濯濯也以爲未嘗有材焉此豈山之性也哉

牛山齊之東南山也邑外謂之郊息長也濯濯無草木之貌牛山未嘗盛美以在國郊斧斤牛羊使之不得有草木耳非山之性無草木也

雖存乎人者豈無仁義之心哉其所以放其良心者亦猶斧斤之於木也旦旦而伐之可爲美乎其日夜之所息平旦之氣其好惡與人相近也者幾希

存在也言雖在人之性亦猶此山之有草木也人豈無仁義之心邪其日夜之思欲息長仁義平旦之志氣其好惡凡人皆有與賢人相近之心幾豈也豈希言不遠也

則其旦晝之所爲有梏亡之矣梏之反覆則其夜氣不足以存夜氣不足以存則其違禽獸不遠矣人見其禽獸也而以爲未嘗有才焉者是豈人之情也哉

旦晝日晝也其所爲萬事有梏亂之使亡失其日夜之所息也梏之反覆利害于其心其夜氣不能復存也人見惡人禽獸之行以爲未嘗存善本性此非人之情也

故苟得其養無物不長苟失其養無物不消孔子曰操則存舍則亡出入無時莫知其鄉惟心之謂與

誠得其養若雨露于草木法度于仁義何有不長也誠失其養若斧斤牛羊之消草木利欲之消仁義何有不盡也孔子曰持之則存縱之則亡莫知其鄉鄉猶里以喻居也獨心爲若是也

孟子曰無或乎王之不智也

王齊王也或怪也時人有怪王不智而孟子不輔之故言此也

雖有天下易生之物也一日暴之十日寒之未有能生者也吾見亦罕矣吾退而寒之者至矣吾如有萌焉何哉

種易生之草木五穀一日暴温之十日陰寒以殺之物何能生我亦希見于王既見而退寒之者至謂左右佞諂順意者多譬諸萬物何由得有萌芽生也

今夫弈之爲數小數也不專心致志則不得也

弈博也或曰圍棊論語曰不有博弈者乎數技也雖小技不專心則不得也

弈秋通國之善弈者也使弈秋誨二人弈其一人專心致志惟弈秋之爲聽一人雖聽之一心以爲有鴻鵠將至使援弓繳而射之雖與之俱學弗若之矣爲是其智弗若與曰非然也

有人名秋通一國皆謂之善弈曰弈秋使教二人弈其一人惟秋所善而聽之其一人志欲射鴻鵠故不如也爲是謂其智不如也曰非也以不致志也故齊王之不智者亦若是

孟子曰魚我所欲也熊掌亦我所欲也二者不可得兼舍魚而取熊掌者也生亦我所欲也義亦我所欲也二者不可得兼舍生而取義者也

熊掌熊蹯也以喻義魚以喻生也

生亦我所欲所欲有甚於生者故不爲苟得也死亦我所惡所惡有甚於死者故患有所不辟也如使人之所欲莫甚於生則凡可以得生者何不用也使人之所惡莫甚於死者則凡可以辟患者何不爲也

有甚於生者謂義也義者不可苟得有甚於死者謂無義也不苟辟患也莫甚於生則苟利而求生矣莫甚於死則可辟患不擇善何不爲耳

由是則生而有不用也由是則可以辟患而有不爲也是故所欲有甚於生者所惡有甚於死者非獨賢者有是心也人皆有之賢者能勿喪耳

有不用不用苟生也有不爲不爲苟患而辟患也有甚於生義甚於生也有甚於死惡甚於死也凡人皆有是心賢者能勿喪亡之也

一簞食一豆羹得之則生弗得則死嘑爾而與之行道之人弗受蹴爾而與之乞人不屑也

人之餓者得此一器食可以生不得則死嘑爾猶嘑爾咄啐之貌也行道之人凡人以其賤己故不肯受也蹴蹋也以足蹬蹋與之乞人不絜之亦由其小故輕而不受也

萬鍾則不辯禮義而受之萬鍾於我何加焉爲宮室之美妻妾之奉所識窮乏者得我與

言一簞食則貴禮至於萬鍾則不復辯別有禮義與否鍾量器也萬鍾於己身何加益哉己身不能獨食萬鍾也豈不爲廣美宮室供奉妻妾施於所知之人窮乏者也

鄉爲身死而不受今爲宮室之美爲之鄉爲身死而不受今爲妻妾之奉爲之鄉爲身死而不受今爲所識窮乏者得我而爲之是亦不可以已乎此之謂失其本心

鄉者不得簞食而食則身死尚不受也今爲此三者爲之是不亦可以止乎所謂失其本心者也

孟子曰仁人心也義人路也舍其路而弗由放其心而不知求哀哉

不行仁義者不由路不求心者也可哀憫哉

人有雞犬放則知求之有放心而不知求學問之道無他求其放心而已矣

人知求雞犬莫知求其心者惑也學問所以求之矣

孟子曰今有無名之指屈而不信非疾痛害事也如有能信之者則不遠秦楚之路爲指之不若人也

無名之指手之第四指也蓋以其餘指皆有名無名指者非手之用指也雖不疾痛妨害於事猶欲信之不遠秦楚爲指之不若人故也

指不若人則知惡之心不若人則不知惡此之謂不知類也

心不若人可惡之大者也而反惡指故曰不知其類也類事也

孟子曰拱把之桐梓人苟欲生之皆知所以養之者至於身而不知所以養之者豈愛身不若桐梓哉

弗思甚也

拱合兩手也把以一手把之也桐梓皆木名也人皆知灌溉而養之至於養身之道當以仁義而不知用豈於身不若桐梓哉不思之甚者也宜孟子有是以言之歟

孟子曰人之於身也兼所愛兼所愛則兼所養也無尺寸之膚不愛焉則無尺寸之膚不養也

人之所愛則養之於身也一尺一寸之膚養相及也

所以考其善不善者豈有他哉於己取之而已矣

考知其善否皆在己之所養也

體有貴賤有小大無以小害大無以賤害貴養其小者爲小人養其大者爲大人

養小則害大養賤則害貴小口腹也大心志也頭頸貴者也指拇賤者也不可害貴養賤也務口腹者爲小人治心志者爲大人故也

今有場師舍其梧檟養其樲棘則爲賤場師焉

場師治場圃者場以治穀圃園也梧桐檟梓皆木名樲棘小棘所謂酸棗也言此以喻人舍大養小故曰賤場師也

養其一指而失其肩背而不知也則爲狼疾人也

謂醫養人疾治其一指而不知其肩背之有疾以至於害之此爲狼藉亂不知治疾之人也

飲食之人則人賤之矣爲其養小以失大也飲食之人無有失也則口腹豈適爲尺寸之膚哉

飲食之人人所賤之者爲其養口腹而失道德耳如使不失道德存仁義以往不嫌於養口腹也故曰口腹豈但爲肥長尺寸之膚哉亦以懷其道德也

公都子問曰鈞是人也或爲大人或爲小人何也

鈞同也言有大有小何也

孟子曰從其大體爲大人從其小體爲小人

大體心思禮義小體縱恣情態

曰鈞是人也或從其大體或從其小體何也

公都子言人何獨有從小體也

曰耳目之官不思而蔽於物物交物則引之而已矣心之官則思思則得之不思則不得也此天之所與我者先立乎其大者則其小者弗能奪也此爲大人而已矣

孟子曰人有耳目之官不思故爲物所蔽官精神所在也謂人有五官六府物事也利欲之事來交引其精神心官不思善故失其道而陷爲小人也此乃天所與人情性先立乎其大者謂生而有善性也小者情欲也善勝惡則惡不能奪之而已矣

孟子曰有天爵者有人爵者仁義忠信樂善不倦此天爵也公卿大夫此人爵也

天爵以德人爵以祿

古之人脩其天爵而人爵從之今之人脩其天爵以要人爵既得人爵而棄其天爵則惑之甚者也

人爵從之人爵自至也以要人爵要求也得人爵棄天爵惑之甚也

終亦必亡而已矣

棄善忘德終必亡也

孟子曰欲貴者人之同心也人人有貴於己者弗思耳人之所貴者非良貴也趙孟之所貴趙孟能賤之

人皆同欲貴之心人人自有貴者在己身不思之耳在己者謂仁義廣譽也凡人之所貴富貴故曰非良貴者趙孟晉卿之貴者也能貴人又能賤人人之所自有也者他人不能賤之也

詩云既醉以酒既飽以德言飽乎仁義也所以不願人之膏粱之味也令聞廣譽施於身所以不願人之文繡也

詩大雅既醉之篇言飽德者飽仁義之於身身之貴者也不願人之膏粱矣膏粱細粱如膏者也文繡繡衣服也

孟子曰仁之勝不仁也猶水之勝火今之為仁者猶以一杯水救一車薪之火也不熄則謂之水不勝火此又與於不仁之甚者也亦終必亡而已矣

水勝火取水足以制火一杯水何能救一車薪之火也以此則謂水不勝火為仁者亦若是則與作不仁之甚者也亡猶無也亦終必亡仁矣

孟子曰五穀者種之美者也苟為不熟不如荑稗夫仁亦在乎熟之而已矣

熟成也五穀雖美種之不成則不如荑稗之草其實可食為仁不成猶是也

孟子曰羿之教人射必至於彀學者亦必至於彀

羿古之善射者彀張弩付的者用思要時也學者志道得射者之張也

大匠誨人必以規矩學者亦必以規矩

大匠攻木工規所以為圓也矩所以為方也誨教也教人必須規矩學者以仁義為法式亦猶大匠以規矩者也

孟子卷十一

孟子卷十二

漢太常京兆趙　岐註

明後學東吳金　蟠訂

告子章句下

任人有問屋廬子曰禮與食孰重

任國之人問孟子弟子屋廬連問二者何者爲重

曰禮重

答曰禮重

色與禮孰重曰禮重

重如上也

曰以禮食則飢而死不以禮食則得食必以禮乎親迎則不得妻不親迎則得妻必親迎乎

任人難屋廬子云若是則必待禮乎

屋廬子不能對明日之鄒以告孟子孟子曰於答是也何有

於音烏歎辭也何有爲不可答也

不揣其本而齊其末方寸之木可使高於岑樓金重於羽者豈謂一鉤金與一輿羽之謂哉取食之重者與禮之輕者而比之奚翅食重取色之重者與禮之輕者而比之奚翅色重

孟子言夫物當揣量其本以齊等其末知其大小高輕重乃可言也不節其數累積方寸之木可使高於岑樓岑樓山之銳嶺者寧可謂寸木高於山邪金重於羽謂多少同而金重耳一帶鉤之金豈重一車羽邪如取食色之重者比禮之輕者何翅食色重哉翅辭也若言何其不重也

往應之曰紾兄之臂而奪之食則得食不紾則不得食則將紾之乎踰東家牆而摟其處子則得妻不摟則不得妻則將摟之乎

教屋廬子往應任人如是紾戾也摟牽也處子處女也則是禮重食色輕者也

曹交問曰人皆可以爲堯舜有諸孟子曰然

曹交曹君之弟交名也答曰然者言人皆有仁義之心堯舜行仁義而已

交聞文王十尺湯九尺今交九尺四寸以長食粟而已如何則可

交聞文王與湯皆長而聖今交亦長獨但食粟而已當如之何

曰奚有於是亦爲之而已矣有人於此力不能勝一匹雛則爲無力人矣今曰舉百鈞則爲有力人矣然則舉烏獲之任是亦爲烏獲而已矣夫人豈以不勝爲患哉弗爲耳

孟子曰何有於是言乎仁義之道亦當爲之乃爲賢耳人言我力不能勝一小雛則謂之無力人言我能舉百鈞百鈞三千斤也則謂之有力之人烏獲古之有力人也能移舉千鈞人能舉其所任是爲烏獲才也夫一匹雛不舉豈患不能勝哉但不爲之耳

徐行後長者謂之弟疾行先長者謂之不弟夫徐

行者豈人所不能哉所不爲也
長者老者也弟順也人誰不能徐行者患不肯爲也
堯舜之道孝悌而已矣子服堯之服誦堯之言行
堯之行是堯而已矣子服桀之服誦桀之言行桀
之行是桀而已矣
孝悌而已人所能也堯服衣服不踰禮也堯言仁義之言堯行孝悌之行桀服譎詭非常之服桀言
不行仁義之言桀行淫虐之行爲堯似堯爲桀似桀而已矣
曰交得見於鄒君可以假館願留而受業於門
交欲學於孟子願因鄒君假館舍備門徒也
曰夫道若大路然豈難知哉人病不求耳子歸而
求之有餘師
孟子言堯舜之道較然若大路豈有難知人苦不肯求耳子歸曹而求行其道有餘師師不少也不
必留館學也
公孫丑問曰高子曰小弁小人之詩也孟子曰何以
言之曰怨
高子齊人也小弁小雅之篇伯奇之詩也怨者怨親之過故謂之小人
曰固哉高叟之爲詩也有人於此越人關弓而射
之則己談笑而道之無他疏之也其兄關弓而射
之則己垂涕泣而道之無他戚之也小弁之怨親
親也親親仁也固矣夫高叟之爲詩也
固陋也高子年長孟子曰陋哉高父之爲詩也疏越人故談笑戚親也親其兄故號泣而道之怪怨
之意也伯奇仁人而父虐之故作小弁之詩曰何辜于天親親而悲怨之辭也重言固陋傷高叟不
達詩人之意也
曰凱風何以不怨
詩邶風凱風之篇也公孫丑曰凱風亦孝子之詩何以獨不怨
曰凱風親之過小者也小弁親之過大者也親之
過大而不怨是愈疏也親之過小而怨是不可磯
也愈疏不孝也不可磯亦不孝也孔子曰舜其至
孝矣五十而慕
孟子曰凱風言莫慰母心母心不悅也知親之過小也小弁曰行有死人尚或墐之而曾不閔己知
親之過大也愈益也過已大矣而孝子不怨思其親之意何爲如是是益疏之道也故曰不孝磯激
也過小耳而孝子感激輒怨其親是亦不孝也孔子以舜年五十而慕其親不殆稱曰孝之至耳孝
之不可以已也知高叟譏小弁爲不得矣
宋牼將之楚孟子遇於石丘曰先生將何之
宋牼宋人名牼學士年長者故謂之先生石丘地名也道遇問欲何之也
曰吾聞秦楚構兵我將見楚王說而罷之楚王不
悅我將見秦王說而罷之二王我將有所遇焉
牼自謂往說二王必有所遇得從其志也
曰軻也請無問其詳願聞其指說之將何如
孟子敬宋牼自稱其名曰軻不敢詳問其指欲如何說之

曰我將言其不利也

軻曰我將爲二王言興兵之不利也

曰先生之志則大矣先生之號則不可先生以利說秦楚之王秦楚之王悅於利以罷三軍之師是三軍之士樂罷而悅於利也爲人臣者懷利以事其君爲人子者懷利以事其父爲人弟者懷利以事其兄是君臣父子兄弟終去仁義懷利以相接然而不亡者未之有也

孟子曰先生志誠大矣所稱名號不可用也二王悅利罷三軍三軍士樂之而悅利則舉國尚利以相接待而忘仁義則其國從而亡矣

先生以仁義說秦楚之王秦楚之王悅於仁義而罷三軍之師是三軍之士樂罷而悅於仁義也爲人臣者懷仁義以事其君爲人子者懷仁義以事其父爲人弟者懷仁義以事其兄是君臣父子兄弟去利懷仁義以相接也然而不王者未之有也何必曰利

以仁義之道不忍興兵三軍之士悅國人化之咸以仁義相接可以致王何必以利爲名也

孟子居鄒季任爲任處守以幣交受之而不報處於平陸儲子爲相以幣交受之而不報

任薛之同姓小國也季任任君季弟也任君朝會於鄰國季任爲之居守其國致幣帛之禮以交孟子受之而不報平陸齊下邑也儲子齊相也亦致禮以交於孟子孟子亦不答之也

他日由鄒之任見季子由平陸之齊不見儲子屋廬子喜曰連得間矣問曰夫子之任見季子之齊不見儲子爲其爲相與

連屋廬子名也見孟子答此二人有異故喜曰連今日乃得一見夫子與之間隙也俱答二人獨見季子不見儲子者以季子當君國子民之處儲子爲相故輕之邪

曰非也書曰享多儀儀不及物曰不享惟不役志于享爲其不成享也

孟子曰非也非以儲子爲相故不見尚書洛誥篇曰享多儀言享見之禮多儀法也物事也儀不及事謂有闕也故曰不成享禮儲子本禮不足故我不見也

屋廬子悅或問之屋廬子曰季子不得之鄒儲子得之平陸

屋廬子已曉其意聞義服故悅也人問之曰何爲若是屋廬子曰季子守國不得越境至鄒不身造孟子可也儲子爲相得循行國中但遙交越爲其不尊賢故禮答而不見之也

淳于髡曰先名實者爲人也後名實者自爲也夫子在三卿之中名實未加於上下而去之仁者固如此乎

淳于姓髡名也齊之辨士名者有道德之名實者治國惠民之功實也齊大國有三卿謂孟子嘗處此三卿之中矣未聞名實下濟於民上匡其君而速去之仁者之道固當然邪

孟子曰居下位不以賢事不肖者伯夷也五就湯

五就桀者伊尹也不惡汙君不辭小官者柳下惠也三子者不同道其趨一也

伊尹爲湯見貢於桀桀不用而歸湯湯復貢之如是者五思濟民冀得施行其道也此貢人雖異道所履則一也

一者何也

髡問一者何也

曰仁也君子亦仁而已矣何必同

孟子言君子進退行止未必同也趨於履仁而已髡爲其速去故引三子以喻意也

曰魯繆公之時公儀子爲政子柳子思爲臣魯之削也滋甚若是乎賢者之無益於國也

髡曰魯繆公時公儀休爲執政之卿子柳泄柳也子思孔子之孫伋也二人爲師傅之臣不能救魯之見削奪亡其土地者多若是賢者無所益於國家者何用賢爲

曰虞不用百里奚而亡秦繆公用之而霸不用賢則亡削何可得歟

孟子云百里奚所去國亡所在國霸無賢國亡何但得削豈可不用賢也

曰昔者王豹處於淇而河西善謳緜駒處於高唐而齊右善歌華周杞梁之妻善哭其夫而變國俗有諸內必形諸外爲其事而無其功者髡未嘗覩之也是故無賢者也有則髡必識之

王豹衛之善謳者淇水名衛詩竹竿之篇泉源在左淇水在右碩人之篇曰河水洋洋北流活活衛地濱於淇水在北流河之西故曰處淇水而河西善謳所謂鄭衛之聲也緜駒善歌者也高唐齊西邑緜駒處之故曰齊右善歌華周華旋也杞梁杞殖也二人齊大夫死於戎事者其妻哭之哀城爲之崩國俗化之則效其哭髡曰如是歌哭者尚能變俗有中則見外爲之而無功者髡不聞也有功乃爲賢者不見其功故謂之無賢者也如有之則髡必識之矣

曰孔子爲魯司寇不用從而祭燔肉不至不稅冕而行不知者以爲爲肉也其知者以爲爲無禮也乃孔子則欲以微罪行不欲爲苟去君子之所爲衆人固不識也

孟子言孔子爲司寇爲賢臣不用不能用其道也從魯君而祭於宗廟當賜大夫以胙燔肉不至膰炙者爲燔詩云燔炙芬芬反歸其舍未及稅冕而行出適他國不知者以爲不得燔肉而慍也知者以爲爲君無禮乃欲以微罪行燔肉不至我黨從祭之禮不備有微罪乎乃聖人之妙旨不欲爲誠欲急去也衆人固不識君子之所爲謂髡不能知賢者之志也

孟子曰五霸者三王之罪人也

五霸者大國秉直道以率諸侯齊桓晉文秦繆宋襄楚莊是也三王夏禹商湯周文王是也

今之諸侯五霸之罪人也今之大夫今之諸侯之罪人也

謂當孟子之時諸侯及大夫也諸侯臣總謂之大夫罪人之事下別言之

天子適諸侯曰巡狩諸侯朝於天子曰述職春省耕而補不足秋省斂而助不給入其疆土地辟田野治養老尊賢俊傑在位則有慶慶以地入其疆

土地荒蕪。遺老失賢。掊克在位。則有讓。一不朝。則貶其爵。再不朝。則削其地。三不朝。則六師移之。是故天子討而不伐。諸侯伐而不討。五霸者。摟諸侯以伐諸侯者也。故曰五霸者。三王之罪人也。

巡狩述職皆以助人民慶賞也養老尊賢能者在位賞之以地益其地也掊克不良之人在位則責讓之不朝而至三則討之以六師移之就之也討者上討下也伐者敵國相征伐也五霸強摟牽諸侯以伐諸侯不以王命也於三王之法乃爲之罪人也

五霸桓公爲盛。葵丘之會諸侯。束牲載書而不歃血。初命曰。誅不孝。無易樹子。無以妾爲妻。再命曰。尊賢育才。以彰有德。三命曰。敬老慈幼。無忘賓旅。四命曰。士無世官。官事無攝。取士必得。無專殺大夫。五命曰。無曲防。無遏糴。無有封而不告。曰。凡我同盟之人。既盟之後。言歸于好。今之諸侯。皆犯此五禁。故曰今之諸侯。五霸之罪人也。

齊桓公五霸之盛者也與諸侯會于葵丘束縛其牲但加載書不復歃血言畏桓公不敢負之不得專誅不孝樹立也已立世子不得擅易也不得立愛妾爲嫡妻也尊賢養才所以彰明有德之人敬老愛小恤矜孤寡客羇旅勿忘忽也仕爲大臣不得世官賢臣乃得世祿也官事無攝無曠庶僚也取士必得賢也立賢無方也無專殺大夫不得以私怒行戮也無敢違王法而以己意設防禁也無遏止穀糴不通鄰國也無以私恩擅有封賞而不告盟主也言歸于好無構怨也桓公施此五命而今諸侯皆犯之故曰罪人也

長君之惡其罪小。逢君之惡其罪大。今之大夫。皆逢君之惡。故曰今之大夫。今之諸侯之罪人也。

君有惡命臣長大而宣之其罪在不能距逆君命故曰小也逢迎也君之惡心未發臣以諂媚逢迎之而導君爲非故曰罪大今諸侯之大夫皆逢君之惡故曰罪人也

魯欲使慎子爲將軍。孟子曰。不教民而用之。謂之殃民。殃民者。不容於堯舜之世。一戰勝齊。遂有南陽。然且不可。

慎子善用兵者不教民以仁義而用之戰鬭是使民有殃禍也堯舜之世皆行仁義故好戰殃民者不能自容也就使慎子能爲魯一戰取齊南陽之地且猶不可山南曰陽岱山之南謂之南陽也

慎子勃然不悅。曰。此則滑釐所不識也。

滑釐慎子名不悅故曰我所不知此言何謂也

曰。吾明告子。天子之地方千里。不千里。不足以待諸侯。諸侯之地方百里。不百里。不足以守宗廟之典籍。周公之封於魯。爲方百里也。地非不足。而儉於百里。太公之封於齊也。亦爲方百里也。地非不足也。而儉於百里。今魯方百里者五。子以爲有王者作。則魯在所損乎。在所益乎。徒取諸彼以與此。然且仁者不爲。況於殺人以求之乎。

孟子見慎子不悅故曰明告子天子諸侯之制如是諸侯當來朝聘故言守宗廟典籍謂先祖常籍法度之文也周公太公地尚不能滿百里儉而不足也後世兼侵小國今魯乃五百里矣有王者作

若文王武王者、子以爲魯在所損之乎、在所益之乎、言其必見損也、但取彼與此、爲無傷害、仁者尚不肯爲、況戰鬭殺人、以求廣土地乎、

君子之事君也。務引其君以當道。志於仁而已。言君子事君之法、牽引其君以當正道者、仁也、志仁而已、欲使慎子輔君以仁也、

孟子曰。今之事君者皆曰。我能爲君辟土地。充府庫。今之所謂良臣。古之所謂民賊也。辟土地、侵小國也、充府庫、重賦斂也、今之所謂良臣、於古之法、爲民賊者也、賊、傷民也、故謂之賊也、

君不鄉道。不志於仁。而求富之。是富桀也。爲惡君聚斂以富之、爲富桀也、謂若夏桀也、

我能爲君約與國。戰必克。今之所謂良臣。古之所謂民賊也。連諸侯以戰、求必勝之也、

君不鄉道。不志於仁。而求爲之強戰。是輔桀也。說與上同、

由今之道。無變今之俗。雖與之天下。不能一朝居也。今之道、非善道、今之世俗、漸惡久矣、若不變更、雖得天下之政而治之、不能自安一朝之間、居其位也、

白圭曰。吾欲二十而取一。何如。白圭、周人也、節以貨殖、省賦利民、使二十而稅一也、

孟子曰。子之道。貉道也。萬室之國。一人陶。則可乎。貉、夷貉之人、在荒服者也、貉之稅、二十而取一、萬家之國、使一人陶瓦器、則可乎、以此喻白圭之所言而已矣、

曰。不可。器不足用也。白圭曰、一人陶、則瓦器不足以供萬室之用也、

曰。夫貉。五穀不生。惟黍生之。無城郭宮室宗廟祭祀之禮。無諸侯幣帛饔飧。無百官有司。故二十取一而足也。貉在北方、其氣寒、不生五穀、黍早熟、故獨生之、無中國之禮、如此之用、故可二十而取一而足也、

今居中國。去人倫。無君子。如之何其可也。陶以寡。且不可以爲國。況無君子乎。欲輕之於堯舜之道者。大貉小貉也。欲重之於堯舜之道者。大桀小桀也。今之居中國、當行禮義、而欲效夷貉、無人倫之敘、無君子之道、豈可哉、陶器者少、尚不可以爲國、況無君子之道乎、堯舜以來、什一而稅、足以行禮、故以此爲道、今欲輕之、二十而稅一者、夷貉爲大貉、子爲小貉也、欲重之、過什一、則是夏桀爲大桀、而子爲之小桀也、

白圭曰。丹之治水也。愈於禹。丹、名、圭、字也、當諸侯之時、有小水、白圭爲治除之、因自謂過乎禹也、

孟子曰。子過矣。禹之治水。水之道也。是故禹以四海爲壑。今吾子以鄰國爲壑。水逆行。謂之洚水。洚

水者。洪水也。仁人之所惡也。吾子過矣。子之所言過矣禹除中國之害以四海爲溝壑以受其害水故後世賴之今子除水近注之鄰國觸於洚水之名仁人惡爲之自以爲愈於禹是子亦過甚矣

孟子曰。君子不亮。惡乎執。亮信也易曰君子履信思順若爲君子之道捨信將安所執之邪

魯欲使樂正子爲政。樂正子克也魯君欲使之執政於國

孟子曰。吾聞之喜而不寐。喜其人道德得行爲之喜而不寐

公孫丑曰。樂正子强乎。曰否。有知慮乎。曰否。多聞識乎。曰否。丑問樂正子有此三問之所能乎孟子皆曰否不能有此也

然則奚爲喜而不寐。丑問無此三者何爲喜而不寐

曰。其爲人也好善。孟子言樂正子之爲人也能好善故爲之喜

好善足乎。丑問以但好善足以治國乎

曰。好善優於天下。而況魯國乎。夫苟好善。則四海之內。皆將輕千里而來。告之以善。夫苟不好善。則人將曰。訑訑。予既已知之矣。訑訑之聲音顏色。距人於千里之外。孟子曰好善樂聞善言是采用之也以此治天下可以優之舜是也何況於魯不能治乎人誠好善四海之士皆輕行千里以善來告之誠不好善則其人將曰訑訑賤他人之言訑訑者自足其智不嗜善言之貌訑訑之人發聲音見顏色人皆知其不欲受善言也道術之士聞之止於千里之外而不來也

士止於千里之外。則讒諂面諛之人至矣。與讒諂面諛之人居。國欲治。可得乎。懷善之士止於千里之外不肯就之則邪惡順意之人至矣與邪惡居欲使國治豈可得乎

陳子曰。古之君子何如則仕。陳臻問古之君子謂何禮可以仕也

孟子曰。所就三。所去三。迎之致敬以有禮。言將行其言也。則就之。禮貌未衰。言弗行也。則去之。其次雖未行其言也。迎之致敬以有禮。則就之。禮貌衰。則去之。其下朝不食。夕不食。飢餓不能出門戶。君聞之曰。吾大者不能行其道。又不能從其言也。使飢餓於我土地。吾恥之。周之。亦可受也。免死而已矣。所去就謂下事也禮者接之以禮也貌者顏色和順有樂賢之容禮衰不敬也貌衰不說也其下者困而不能與之祿則當去矜其困而周之苟免死而已此三就三去之道窮餓而去不疑也故不言

去免死而留爲死故也權時之宜嫌其疑也故載之也

孟子曰舜發於畎畝之中傅說舉於版築之間膠鬲舉於魚鹽之中管夷吾舉於士孫叔敖舉於海百里奚舉於市故天將降大任於是人也必先苦其心志勞其筋骨餓其體膚空乏其身行拂亂其所爲所以動心忍性曾益其所不能

舜耕歷山三十徵庸傅說築傅巖武丁舉以爲相膠鬲殷之賢臣遭紂之亂隱遁爲商文王舉於鬻販魚鹽之中得其人舉之以爲臣也士獄官也管仲自魯囚執於士官桓公舉以爲相國孫叔敖隱處耕於海濱楚莊王舉之以爲令尹百里奚亡虞適秦隱於都市穆公舉之於市而以爲相也言天將降下大事以任聖賢必先勤勞其身餓其體而瘠其膚使其身乏資絕糧所行不從拂戾而亂之者所以動驚其心堅忍其性使不違仁困而知勤增益其素所以不能行之者也

人恆過然後能改困於心衡於慮而後作徵於色發於聲而後喻

人常以有謬思過行不得福然後乃更其所爲以不能爲能也困瘁於心衡橫也橫塞其慮於胷中而後作爲奇計異策憤激之說也徵驗見於顏色若屈原憔悴漁父見而怪之發於聲而後喻若甯戚商歌桓公異之是而已矣

入則無法家拂士出則無敵國外患者國恆亡然後知生於憂患而死於安樂也

入謂國內也無法度大臣之家輔弼之士出謂國外也無敵國可難無外患可憂則凡庸之君驕慢荒怠國常以此亡也故知能生於憂患死於安樂也死亡也安樂怠慢使人亡其知能者也

孟子曰教亦多術矣予不屑之教誨也者是亦教誨之而已矣

教人之道多術予我也屑潔也我不潔其人之行故不教誨之其人感此退自修學而爲仁義是亦教誨之一道也

孟子卷十二

孟子卷十三

漢太常京兆趙　岐註

明後學東吳金　蟠訂

盡心章句上

盡心者，人之有心，爲精氣主，思慮可否，然後行之。猶人法天，天之執持綱維以正二十八舍者，北辰也。論語曰：北辰居其所而衆星拱之。心者，人之北辰也。苟存其心，養其性，所以事天也。故以盡心爲篇題。

孟子曰：盡其心者，知其性也。知其性，則知天矣。

性有仁義禮智之端，心以制之，惟心爲正。人能盡極其心，以思行善，則可謂知其性矣。知其性，則知天地之貴善者也。

存其心，養其性，所以事天也。

能存其心，養育其正性，可謂仁人。天道好生，仁人亦好生。天道無親，惟仁是與，行與天合，故曰所以事天也。

殀壽不貳，修身以俟之，所以立命也。

貳，二也。仁人之行，一度而已，雖見前人或殀或壽，終無二心改易其道。殀若顏淵，壽若邵公，皆歸之命，修正其身以待天命，此所以立命之本也。

孟子曰：莫非命也，順受其正。

莫，無也。人之終無非命也。命有三名：行善得善曰受命，行善得惡曰遭命，行惡得惡曰隨命。惟順受命爲受其正也已。

是故知命者不立乎巖牆之下。盡其道而死者，正命也。

知命者欲趨於正，故不立於巖牆之下，恐壓覆也。盡修身之道，以壽終者，得正命也。

桎梏死者，非正命也。

畏壓溺死，禮所不弔，故曰非正命也已。

孟子曰：求則得之，舍則失之，是求有益於得也，求在我者也。

謂修仁行義，事在於我，我求則得，我舍則失，故求有益於得也。

求之有道，得之有命，是求無益於得也，求在外者也。

謂賢者修其天爵而人爵從之，故曰求之有道也。修天爵者或得或否，故曰得之有命也。爵祿須知己，知己者在外，非身所專，是以云求無益於得也，求在外者也。

孟子曰：萬物皆備於我矣。反身而誠，樂莫大焉。

物，事也。我，身也。普謂人爲成人已往，皆備知天下萬物，常有所行矣。誠者，實也。反自思其身所施行，能皆實而無虛，則樂莫大焉。

強恕而行，求仁莫近焉。

當自強勉以忠恕之道，求仁之術，此最爲近也。

孟子曰：行之而不著焉，習矣而不察焉，終身由之而不知其道者，衆也。

人皆有仁義之心，日自行之，無所愛而不能著明其道，以施於大事，仁妻愛子，亦以習矣而不能察知可推以爲善。由，用也。終身用之，以爲自然，不究其道可成君子，此衆庶之人也。

孟子曰：人不可以無恥。（人不可以無所羞恥也。論語曰：行己有恥。）

無恥之恥，無恥矣。（人能恥己之無所恥，是爲改行從善之人，終身無復有恥辱之累也。）

孟子曰：恥之於人大矣。爲機變之巧者，無所用恥焉。（恥者，爲不正之道，正人之所恥爲也。今造機變阱陷之巧以攻戰者，非古之正道也，取爲一切可勝敵之宜，無以錯於廉恥之心。）

不恥不若人，何若人有？（不恥不如古之聖人，何有如賢人之名也。）

孟子曰：古之賢王好善而忘勢。（樂善而自卑，若高宗得傳說而稟命。）

古之賢士何獨不然？樂其道而忘人之勢。（何獨不然，何獨不有所樂，有所忘也。樂道守志，若許由洗耳，可謂忘人之勢矣。）

故王公不致敬盡禮，則不得亟見之。見且由不得亟，而況得而臣之乎？（亟，數也。若伯夷非其君不事，伊尹樂道堯舜，不致敬盡禮，可數見之乎？作者七人，隱各有方，豈可得而臣之者乎。）

孟子謂宋句踐曰：子好遊乎？吾語子遊。人知之，亦囂囂；人不知，亦囂囂。（宋，姓也。句踐，名也。好以道德遊，欲行其道者。囂囂，自得無欲之貌也。）

曰：何如斯可以囂囂矣？（句踐問何執守可囂囂也。）

曰：尊德樂義，則可以囂囂矣。（尊，貴也。孟子曰：能貴德而履之，樂義而行之，則可以囂囂無欲矣。）

故士窮不失義，達不離道。窮不失義，故士得己焉；達不離道，故民不失望焉。（窮不失義，不爲不義而苟得，故得己之本性也。達不離道，思利民之道，故民不失其望也。）

古之人，得志，澤加於民；不得志，修身見於世。窮則獨善其身，達則兼善天下。（古之人，得志君國，則德澤加於民人；不得志，謂賢者不遭遇也，見立也，獨治其身以立於世間，不失其操也。是故獨善其身，達謂得行其道，故能兼善天下也。）

孟子曰：待文王而後興者，凡民也。若夫豪傑之士，雖無文王猶興。（凡民無自知者也，故由文王之化乃能自興起以趨善道。若夫豪傑之才知千萬於凡人者，雖不遭文王，猶能自起以善，守其身，正其行，不陷溺也。）

孟子曰：附之以韓魏之家，如其自視欿然，則過人遠矣。（附，益也。韓、魏，晉六卿之富者也。言人既自有家，復益以韓、魏百乘之家，其富貴已美矣，而其人欿然不足，自知仁義之道不足也，此其過人甚遠矣。）

孟子曰：以佚道使民，雖勞不怨；

一一二

謂教民趨農役有常時不使失業當其雖勞後獲其利則佚矣若亟其乘屋之類也故曰不怨

以生道殺民雖死不怨殺者

謂殺大辟之罪者以坐殺人故也殺此罪人者其意欲生民也故雖伏罪而死不怨殺者

孟子曰霸者之民驩虞如也王者之民皞皞如也殺之而不怨利之而不庸民日遷善而不知爲之者

霸者行善恤民恩澤暴見易知故民驩虞樂之也王者道大法天浩浩而德難見也殺之不怨故曰殺之而不怨庸功也利之使趨時而農六畜繁息無凍餓之老而民不知獨是王者之功修其庠序之教又使日遷善亦不能覺知誰爲之者言化遷善爲之大道者也

夫君子所過者化所存者神上下與天地同流豈曰小補之哉

君子通於聖人聖人知天過此世能化之存在此國其化如神故言與天地同流也天地化物歲成其功豈曰使人知其小補益之者哉

孟子曰仁言不如仁聲之入人深也

仁言政教法度之言也仁聲樂聲雅頌也仁言之政雖明不如雅頌感人心之深也

善政不如善教之得民也

善政使民不違上善教使民尚仁義心易得也

善政民畏之善教民愛之善政得民財善教得民心

畏之不逋怠故賦役舉而財聚於一家也愛之樂風化而上下親故歡心可得也

孟子曰人之所不學而能者其良能也所不慮而知者其良知也

不學而能性所自能良甚也是人之所能甚也知亦猶是能也

孩提之童無不知愛其親者及其長也無不知敬其兄也

孩提二三歲之間在襁褓知孩笑可提抱者也少知愛親長知敬兄此所謂良能良知也

親親仁也敬長義也無他達之天下也

人仁義之心少而皆有之欲爲善者無他達通也但通此親親敬長之心施之天下人也

孟子曰舜之居深山之中與木石居與鹿豕遊其所以異於深山之野人者幾希

舜耕歷山之時居木石間鹿豕近人若與人遊也希遠也當此之時舜與野人相去豈遠

及其聞一善言見一善行若決江河沛然莫之能禦也

舜雖外與野人同其居處聞人一善言則從之見人一善行則識之沛然不疑若江河之流無能禦

此其所欲行也

孟子曰無爲其所不爲無欲其所不欲如此而已矣

無使人爲己所不欲爲者無使人欲己之所不欲者每以身先之如此則人道足也

孟子曰人之有德慧術知者恆存乎疢疾

人所以有德行智慧道術才智者以其在於有疢疾之人疢疾之人又力學故能成德

獨孤臣孽子其操心也危其慮患也深故達

此卽人之疢疾也自以孤微懼於危殆之患而深慮之勉爲仁義故至於達也

孟子曰有事君人者事是君則爲容悅者也

事君求君之意爲苟容以悅君者也

有安社稷臣者以安社稷爲悅者也

忠臣志在安社稷而後爲悅者也

有天民者達可行於天下而後行之者也

天民知道者也可行而行可止而止

有大人者正己而物正者也

大人大丈夫不爲利害動移者也正己物正象天不言而萬物化成也

孟子曰君子有三樂而王天下不與存焉父母俱存兄弟無故一樂也仰不愧於天俯不怍於人二樂也得天下英才而教育之三樂也

天下之樂不得與此三樂之中兄弟無故無他故不愧天又不怍人心正無邪也育養也教養英才成之以道皆樂也

君子有三樂而王天下不與存焉

君子重言是美之也

孟子曰廣土衆民君子欲之所樂不存焉中天下而立定四海之民君子樂之所性不存焉

廣土衆民大國諸侯也所樂不存欲行禮也中天下而立謂王者所性不存乃所謂性於仁義者也

君子所性雖大行不加焉雖窮居不損焉分定故也

大行行之於天下窮居不失性也分定故不變

君子所性仁義禮智根於心其生色也睟然見於面盎於背施於四體四體不言而喻

四者根生於心色見於面睟然潤澤之貌也盎視其背而可知其背盎盎然盛流於四體四體有匡國之綱雖口不言人自曉喻而知也

孟子曰伯夷辟紂居北海之濱聞文王作興曰盍歸乎來吾聞西伯善養老者太公辟紂居東海之濱聞文王作興曰盍歸乎來吾聞西伯善養老者

已說於上篇

天下有善養老則仁人以爲己歸矣

天下有能若文王者仁人呼復歸之矣

五畝之宅樹墻下以桑匹婦蠶之則老者足以衣帛矣五母雞二母彘無失其時老者足以無失肉矣百畝之田匹夫耕之八口之家足以無飢矣

五雞二彘八口之家畜之足以爲畜產之本也

所謂西伯善養老者制其田里教之樹畜導其妻子使養其老五十非帛不煖七十非肉不飽不煖不飽謂之凍餒文王之民無凍餒之老者此之謂也

所謂無凍餒者教導之使可以養老者耳非家賜而人益之也

孟子曰易其田疇薄其稅斂民可使富也食之以時用之以禮財不可勝用也

易治也疇一井也庶民治其田疇薄其稅斂不踰什一則民富矣食取其征賦以時用之以常禮不踰禮以費財也故蓄積有餘財不可勝用也

民非水火不生活昬暮叩人之門戶求水火無弗與者至足矣聖人治天下使有菽粟如水火菽粟如水火而民焉有不仁者乎

水火能生人有不愛者至饒足故也菽粟饒多若是民皆輕施於人而何有不仁者也

孟子曰孔子登東山而小魯登太山而小天下故觀於海者難爲水遊於聖人之門者難爲言

所覽大者意大觀小者志小也

觀水有術必觀其瀾

瀾水中大波也

日月有明容光必照焉

容光小郤也言大明照幽微也

流水之爲物也不盈科不行君子之志於道也不成章不達

盈滿也科坎也流水滿坎乃行以喻君子之學必至成章乃仕進者也

孟子曰雞鳴而起孳孳爲善者舜之徒也雞鳴而起孳孳爲利者蹠之徒也欲知舜與蹠之分無他利與善之間也

蹠盜蹠也蹠舜之分故以此別之也

孟子曰楊子取爲我拔一毛而利天下不爲也

楊子楊朱也爲我爲己也拔己一毛以利天下之民不肯爲也

墨子兼愛摩頂放踵利天下爲之

墨子墨翟也兼愛他人摩突其頂下至於踵以利天下己樂爲之也

子莫執中

子莫魯之賢人也其性中和專一者也

執中爲近之執中無權猶執一也

執中和近聖人之道然不權聖人之重權執中而不知權猶執一介之人不知時變也

所惡執一者爲其賊道也舉一而廢百也

所以惡執一者爲其不知權以一知而廢百道也

孟子曰飢者甘食渴者甘飲是未得飲食之正也飢渴害之也

饑渴害其本所以知味之性令人強甘之

豈惟口腹有飢渴之害人心亦皆有害

爲利欲所害亦猶飢渴得之

人能無以飢渴之害爲心害則不及人不爲憂矣

人能守正不爲邪利所害雖謂富貴之事不及逮人猶爲君子不爲善人所憂患也

孟子曰柳下惠不以三公易其介

介大也柳下惠執弘大之志不恥汙君不以三公榮位易其大量也

孟子曰有爲者辟若掘井掘井九軔而不及泉猶爲棄井也

有爲爲仁義也軔八尺也雖深而不及泉喻有爲者能於中道而盡棄前行者也

孟子曰堯舜性之也湯武身之也五霸假之也

性之性好仁自然也身之體之行仁視之若身也假之假仁以正諸侯也

久假而不歸惡知其非有也

五霸而能久假仁義譬如假物久而不歸安知其不真有也

公孫丑曰伊尹曰予不狎于不順放太甲于桐民大悅太甲賢又反之民大悅賢者之爲人臣也其君不賢則固可放與

丑怪伊尹賢者而放其君何也

孟子曰有伊尹之志則可無伊尹之志則篡也

人臣秉忠志若伊尹欲寧殷國則可放惡而不即立君宿留冀改而復之如無伊尹之忠見間乘利篡心乃生何可放也

公孫丑曰詩曰不素餐兮君子之不耕而食何也

詩魏國伐檀之篇也無功而食則謂之素餐世之君子有不耕而食何也

孟子曰君子居是國也其君用之則安富尊榮其子弟從之則孝悌忠信不素餐兮孰大於是

君子能使人化其道德移其習俗身安國富而保其尊榮子弟孝悌而樂忠信不素餐之功誰大於是何爲不可以食祿

王子墊問曰士何事

齊王子名墊也問士當何事爲事者耶

孟子曰尚志

尚貴也士當貴上於用志也

曰何謂尚志曰仁義而已矣殺一無罪非仁也非其有而取之非義也居惡在仁是也路惡在義是也居仁由義大人之事備矣

孟子言志之所尚仁義而已矣不殺無罪不取非有者爲仁義欲知其所當居者仁爲貴所由者義爲貴大人之事備矣

孟子曰仲子不義與之齊國而弗受人皆信之是舍簞食豆羹之義也

仲子陳仲子處於陵者人以爲廉謂以不義而與之齊國必不受之孟子以爲仲子之義若上章所道簞食豆羹無禮則不受萬鍾則不辨禮義而受之也

人莫大焉亡親戚君臣上下以其小者信其大者奚可哉

人當以禮義爲正陳仲子避兄離母不知仁義親戚上下之敘何可以其小廉信以爲大哉

桃應問曰舜爲天子皋陶爲士瞽瞍殺人則如之何

桃應孟子弟子也問皋陶爲士官主執罪人瞽瞍惡暴而殺人則皋陶如何

孟子曰執之而已矣

孟子曰皋陶執之耳。

然則舜不禁與。

桃應以舜爲天子，使有司執其父，不禁止之邪。

曰：夫舜惡得而禁之？夫有所受之也。

夫，辭也。孟子曰：夫舜惡得禁之？夫天下乃受之於堯，當爲天理民，王法不曲，豈得禁之也。

然則舜如之何。

應問舜爲之將如何。

曰：舜視棄天下猶棄敝蹝也。竊負而逃，遵海濱而處，終身訢然，樂而忘天下。

孟子曰：舜視棄天下如棄敝蹝。蹝，草履也。敝喻不惜。舜必負父而遠逃，終身訢然，忽忘天下之爲至貴也。

孟子自范之齊，望見齊王之子，喟然歎曰：居移氣，養移體，大哉居乎。夫非盡人之子與。

范，齊邑，王庶子所封食也。孟子之范，見王子之儀，聲氣高涼，不與人同，還至齊，謂諸弟子，喟然歎曰：居尊則氣高，居卑則氣下。居之移人氣志，使之高涼，若供養之移人形身，使充盛也。大哉居乎者，言當慎所居，人必居仁也。凡人與王子，豈非盡是人之子也。王子居尊勢，故儀聲如是也。

孟子曰：王子宮室車馬衣服多與人同，而王子若彼者，其居使之然也。況居天下之廣居者乎。

言王子宮室乘服，皆人之所用之耳，然而王子若彼高涼者，居勢位故也。況居廣居，謂行仁義，仁義在身，不言而喻也。

魯君之宋，呼於垤澤之門。守者曰：此非吾君也，何其聲之似我君也。此無他，居相似也。

垤澤，宋城門名也。人君之聲相似者，以其俱居尊勢，故音氣同也。以城門不自肯夜開，故君自發聲耳。

孟子曰：食而弗愛，豕交之也；愛而不敬，獸畜之也。恭敬者，幣之未將者也。恭敬而無實，君子不可虛拘。

人之交接，但食之而不愛，若養豕也；愛而不敬，若人畜禽獸，但愛而不能敬也。且恭敬者，如有幣帛，當以行禮，而未以命將行之也。恭敬貴實，如其無實，何可虛拘致君子之心也。

孟子曰：形色，天性也。惟聖人然後可以踐形。

形，謂君子體貌尊嚴也，尚書洪範一曰貌。色，謂婦人妖麗之容，詩云顏如舜華。此皆天假施於人也。踐，履居之也。易曰黄中通理，聖人內外文明，然能以正道履居此美形，不言居色，主名尊陽抑陰之義也。

齊宣王欲短喪。公孫丑曰：爲朞之喪，猶愈於已乎。

齊宣王以三年之喪爲太長久，欲減而短之，因公孫丑使自以其意問孟子，既不能三年喪，以朞年差愈於止而不行喪者也。

孟子曰：是猶或紾其兄之臂，子謂之姑徐徐云爾，亦教之孝悌而已矣。

紾，戾也。孟子言有人戾其兄之臂，爲不順也，而子謂之曰且徐徐云爾，是豈以徐徐之爲差者乎？不若教之以孝悌，勿復戾其兄之臂也。今欲行其朞喪，亦猶曰徐徐之類也。

王子有其母死者，其傅爲之請數月之喪。公孫丑

曰若此者何如也

丑曰王之庶夫人死迫於適夫人不得行其喪親之數其傅爲請之於君欲使得行數月喪如之何

曰是欲終之而不可得也雖加一日愈於已謂夫莫之禁而弗爲者也

孟子曰如是王子欲終服其禮而不能者也加益一日則愈於止況數月乎所謂不當者謂無禁自欲短之故譏之也

孟子曰君子之所以教者五

教民之道有五品

有如時雨化之者

教之漸漬而浹洽也

有成德者有達財者有答問者有私淑艾者

私獨淑善艾治也君子獨善其身法其仁此亦與教法之道無差也

此五者君子之所以教也

申言之孟子貴重此教之道也

公孫丑曰道則高矣美矣宜若登天然似不可及也何不使彼爲可幾及而日孳孳也

丑以爲聖人之道大高遠將若登天人不能及也何不少近人情令彼凡人可庶幾使日孳孳自勉也

孟子曰大匠不爲拙工改廢繩墨羿不爲拙射變其彀率君子引而不發躍如也中道而立能者從之

大匠不爲新學拙工故爲之改鑿廢繩墨必正也羿不爲新學拙射者變其彀率之法也彀弩張嚮表率之正禮望之極思用巧之時不可變也君子謂於射則引弓彀弩而不發以待彀偶也於道則中道德之中不以學者不能故卑下其道將以須於能者往取之也

孟子曰天下有道以道殉身天下無道以身殉道未聞以道殉乎人者也

殉從也天下有道得行王政道從身施功實也天下無道道不得行以身從道守道而隱不聞以正道從俗人也

公都子曰滕更之在門也若在所禮而不答何也

滕更滕君之弟來學於孟子者也言國君之弟而樂在門人中宜答見禮而夫子不答何也

孟子曰挾貴而問挾賢而問挾長而問挾有勳勞而問挾故而問皆所不答也滕更有二焉

挾接也接己之貴勢接己之有賢才接己長老接己當有功勞之恩接己與師有故舊之好凡特此五者而以學問望師之待以異意而答之皆所不當答滕更有二焉接貴接賢故不答之矣

孟子曰於不可已而已者無所不已於所厚者薄無所不薄也其進銳者其退速

已棄也於義所不當棄而棄之則不可所以不可而棄之使無罪者咸恐懼也於義當厚而反薄之何不薄也不憂見薄者亦皆自安矣不審察人而過進不肖越其倫悔而退之必速矣當翔而後集慎如之何

孟子曰君子之於物也愛之而弗仁

物謂凡物可以養人者也當愛育之而不加之仁若犧牲不得不殺也

於民也仁之而弗親

臨民以非己族類故不得與親同也

親親而仁民仁民而愛物

先親其親戚然後仁民仁民然後愛物用恩之次者也

孟子曰知者無不知也當務之爲急仁者無不愛也急親賢之爲務

知者知所務善也仁者務愛其賢也

堯舜之知而不徧物急先務也堯舜之仁不徧愛人急親賢也

物事也堯舜不徧知百工之事不徧愛衆人先愛賢使治民不一一自往親加恩惠也

不能三年之喪而緦小功之察放飯流歠而問無齒決是之謂不知務

尚不能行三年之喪而復察緦麻小功之禮放飯大飯也流歠長歠也齒決斷肉置其餘也放尊者前賜食大飯長歠不敬之大者齒決小過耳言世之先務捨大譏小有若大飯長歠而問無齒決類也

孟子卷十三

孟子卷十四

漢太常京兆趙　岐註

明後學東吳金　蟠訂

盡心章句下

孟子曰不仁哉梁惠王也仁者以其所愛及其所不愛不仁者以其所不愛及其所愛

梁魏都也以用也仁者用恩於所愛之臣民王政不偏等施德教所不親愛者幷蒙其恩澤也用不仁之政加於所不親愛則有災傷所親愛之臣民亦幷被其害惠王好戰殺人故孟子曰不仁哉

公孫丑問曰何謂也

丑問及所愛之狀何謂也

梁惠王以土地之故糜爛其民而戰之大敗將復之恐不能勝故驅其所愛子弟以殉之是之謂以其所不愛及其所愛也

孟子言惠王貪利鄰國之土地而戰其民死亡於野骨肉糜爛而不收兵大敗而欲復戰恐士卒少不能用勝故復驅其所愛近臣及子弟而以殉之殉從也所愛從其所不愛而往趨死亡故曰及其所愛也東敗於齊長子死焉

孟子曰春秋無義戰彼善於此則有之矣征者上伐下也敵國不相征也

春秋所載戰伐之事無應王義者也彼此相覺有善惡耳孔子舉毫毛之善貶纖芥之惡故皆錄之於春秋也上伐下謂之征諸侯敵國不相征五霸之世諸侯相征於三王之法皆不得其正者也

孟子曰盡信書則不如無書吾於武成取二三策而已矣仁人無敵於天下以至仁伐至不仁而何其血之流杵也

書尚書經有所美言事或過若康誥曰冒聞于上帝甫刑曰皇帝清問下民梓材曰欲至于萬年又曰子子孫孫永保民人不能聞天天不能問于民萬年永保皆不可得爲書豈可案文而皆信之哉武成之篇名言武王誅紂戰鬬殺人血流舂杵孟子言武王以至仁伐至不仁殷人簞食壺漿而迎其王師何乃至於血流漂杵乎故吾取武成兩三簡策可用者耳其過辭則不取之也

孟子曰有人曰我善爲陳我善爲戰大罪也國君好仁天下無敵焉南面而征北狄怨東面而征西夷怨曰奚爲後我

此人欲勸諸侯以攻戰也故謂之有罪好仁無敵四夷怨望遲願見征何謂而後我已說於上篇矣

武王之伐殷也革車三百兩虎賁三千人王曰無畏寧爾也非敵百姓也若崩厥角稽首征之爲言正也各欲正己也焉用戰

革車兵車也虎賁武士爲小臣者也書云虎賁贅衣趣馬小尹三百兩三百乘也武王令殷人曰無驚畏我來安止爾也百姓歸周若崩厥角額角犀厥地稽首拜命亦以首至地也欲令武王來征己之國安用善戰陳者

孟子曰梓匠輪輿能與人規矩不能使人巧

梓匠輪輿之工能以規矩與人人之巧在心拙者雖得規矩之法亦不能成器也蓋喻人不志仁雖誦典憲不能以善

孟子曰：舜之飯糗茹草也，若將終身焉；及其爲天子也，被袗衣，鼓琴，二女果，若固有之。

糗飯乾糒也。袗畫也。果侍也。舜耕陶之時，飯糗茹草，若將終身如是。及爲天子，被畫衣黼黻絺繡也。鼓琴以協音律也。以堯二女自侍，亦不佚豫，如故自當有之也。

孟子曰：吾今而後知殺人親之重也。殺人之父，人亦殺其父；殺人之兄，人亦殺其兄。然則非自殺之也，一間耳。

父仇不同天，兄仇不同國。以惡加人，人必加之。知其重也。一間者，我往彼來，間一人耳，與自殺其親何異哉。

孟子曰：古之爲關也，將以禦暴；今之爲關也，將以爲暴。

古之爲關，將以禦暴亂，譏閉非常也。今之爲關，反以征稅出入之人，將以爲暴虐之道也。

孟子曰：身不行道，不行於妻子；使人不以道，不能行於妻子。

身不自履行道德，而欲使人行道德，雖妻子不肯行之。言無所則效。使人不順其道理，不能使妻子順之，而況他人乎。

孟子曰：周于利者凶年不能殺，周于德者邪世不能亂。

周達於利，營苟得之利而趨生，雖凶年不能殺之。周達於德，身欲行之，雖遭邪世，不能亂其志也。

孟子曰：好名之人，能讓千乘之國；苟非其人，簞食豆羹見於色。

好不朽之名者，輕讓千乘，伯夷、季札之類是也。誠非好名者，爭簞食豆羹，變色訟之，致禍，鄭公子染指黿羹之類是也。

孟子曰：不信仁賢，則國空虛；無禮義，則上下亂；無政事，則財用不足。

不親信仁賢，仁賢去之，國無賢人，則曰空虛。教無禮義以正尊卑，則上下之敘泯亂。無善政以也人。農時貢賦則不入，故財用有所不足故也。

孟子曰：不仁而得國者有之矣，不仁而得天下，未之有也。

不仁得國者，謂象封於有庳，叔鮮、叔度封於管蔡，以親親之恩而得國也。雖有誅亡，其世有土。丹朱、商均，天下元子，以其不仁，天下不與，故不得有天下焉。

孟子曰：民爲貴，社稷次之，君爲輕。是故得乎丘民而爲天子，

君輕於社稷，社稷輕於民。丘，十六井也。天下丘民皆樂其政，則爲天子，殷湯、周文是也。

得乎天子爲諸侯，

得天子之心，封以爲諸侯。

得乎諸侯爲大夫。

得諸侯之心，諸侯能以爲大夫。

諸侯危社稷，則變置。

諸侯爲危社稷之行，則變更立賢諸侯也。

犧牲既成粢盛既潔祭祀以時然而旱乾水溢則變置社稷犧牲已成肥腯粢稷已成潔精祭祀社稷常以春秋之時然而其國有旱乾水溢之災則毀社稷而更置之

孟子曰聖人百世之師也伯夷柳下惠是也伯夷之清柳下惠之和聖人之一槩也故聞伯夷之風者頑夫廉懦夫有立志聞柳下惠之風者薄夫敦鄙夫寬奮乎百世之上百世之下聞者莫不興起也非聖人而能若是乎而況於親炙之者乎頑貪懦弱鄙狹也百世言其遠也興起志意興起也非聖人之行何能感人若是喻聞尚然況於親見而薰炙之者乎

孟子曰仁也者人也合而言之道也能行仁恩者人也人與仁合而言之可以謂之有道也

孟子曰孔子之去魯曰遲遲吾行也去父母國之道也去齊接淅而行去他國之道也遲遲接淅說已見上篇言矣此不復說焉

孟子曰君子之戹於陳蔡之間無上下之交也君子孔子也論語曰君子之道者三我無能焉孔子乃尚謙不敢當君子之道故可謂孔子爲君子也孔子所以戹於陳蔡之間者其國君臣皆惡上下無所交接故戹也

貉稽曰稽大不理於口貉姓稽名仕者也爲衆口所訕理賴也謂孟子曰稽大不賴人之口如之何也

孟子曰無傷也士憎茲多口審己之德口無傷也離於凡人而仕者亦益多口

詩云憂心悄悄慍于羣小孔子也肆不殄厥慍亦不殞厥問文王也詩邶風柏舟之篇曰憂心悄悄慍于羣小怒小人聚而非議賢者也孔子論此詩孔子亦有武叔之口故曰孔子之所苦也大雅緜之篇曰肆不殄厥慍殄絕慍怒也亦不殞厥問殞失也言文王不殞絕畎夷之慍怒亦不能殞失文王之善聲問也

孟子曰賢者以其昭昭使人昭昭今以其昏昏使人昭昭賢者治國法度昭明明於道德是躬行之道可也今之治國法度昏昏亂潰之政也身不能治而欲使人昭明不可得也

孟子謂高子曰山徑之蹊間介然用之而成路爲間不用則茅塞之矣今茅塞子之心矣高子齊人也嘗學於孟子鄉道而未明去而學於他術孟子謂之曰山徑山之領有微蹊介然人遂用之不止則蹊成爲路爲間有間也謂廢而不用則茅草生而塞之不復爲路以喻高子學於仁義之道當遂行之而反中止正若山路故曰茅塞子之心也

高子曰禹之聲尚文王之聲孟子曰何以言之高子以爲禹之尚聲樂過於文王孟子難之曰何以言之

曰以追蠡

高子曰禹時鍾在者追蠡也追鍾鈕也鈕磨齧處深矣蠡欲絶之貌也文王之鍾不然以禹爲尚樂也

曰是奚足哉城門之軌兩馬之力與

孟子曰是何足以爲禹尚樂乎先代之樂器後王皆用之禹在文王之前千有餘歲用鍾日久故追欲絶耳譬若城門之軌齧其限切深者用之多耳豈兩馬之力使之然乎兩馬者春秋外傳曰國馬足以行關公馬足以稱賦是兩馬也

齊饑陳臻曰國人皆以夫子將復爲發棠殆不可復

棠齊邑也孟子嘗勸齊王發棠邑之倉以賑貧窮時人賴之今齊人復饑陳臻言一國之人皆以爲夫子將復若發棠時勸王也殆不可復言之也

孟子曰是爲馮婦也晉人有馮婦者善搏虎卒爲善士則之野有衆逐虎虎負嵎莫之敢攖望見馮婦趨而迎之馮婦攘臂下車衆皆悅之其爲士者笑之

馮姓婦名也勇而有力能搏虎卒後也善士者以善搏虎有勇名也故進以爲士之於野外復見逐虎者攖迫也虎依陬而怒無敢迫近者也馮婦恥不如前見虎走而迎攘臂下車欲復搏之衆人悅其勇猛其士之黨笑其不知止也故孟子謂陳臻今欲復使我如發棠時言之於君是則我爲馮婦也必爲知者所笑也

孟子曰口之於味也目之於色也耳之於聲也鼻之於臭也四肢之於安佚也性也有命焉君子不謂性也

口之甘美味目之好美色耳之樂五音鼻之喜芬香臭香也易曰其臭如蘭四體謂之四肢四肢懈倦則思安佚不勞苦此皆人性之所欲也得居此樂者有命祿人不能皆如其願也凡人則有情從欲而求可身君子之道則以仁義爲先禮節爲制不以性欲而苟求之也故君子不謂之性也

仁之於父子也義之於君臣也禮之於賓主也知之於賢者也聖人之於天道也命也有性焉君子不謂命也

仁者得以恩愛施於父子義者得以義理施於君臣好禮者得以禮敬施於賓主知者得以明智知賢達善聖人得以天道王於天下此皆命祿遭遇乃得居而行之不遇者不得施行然亦才性有之故可用也凡人則歸之命祿在天而已不復治性以君子之道則修仁行義修禮學知庶幾聖人亹亹不倦不但坐而聽命故曰君子不謂命也

浩生不害問曰樂正子何人也

浩生姓不害名齊人也見孟子聞樂正子爲政於魯而喜故問樂正子何等人也

孟子曰善人也信人也

樂正子爲人有善有信也

何謂善何謂信

不害爲善信之行謂何

曰可欲之謂善有諸己之謂信充實之謂美充實而有光輝之謂大大而化之之謂聖聖而不可知之之謂神樂正子二之中四之下也

己之可欲乃使人欲之是為善人己所不欲勿施於人也有之於己乃謂人有之是為信人不億不信也充實善信使之不虛是為美人美德之人也充實善信而宣揚之使有光輝是為大人大行其道使天下化之是為聖人有聖知之明其道不可得知是為神人人有是六等樂正子能善能信在二者之中四者之下也

孟子曰逃墨必歸於楊逃楊必歸於儒歸斯受之而已矣

墨翟之道兼愛無親疏之別最為違禮楊朱之道為己愛身雖違禮尚得不敢毀傷之義逃者去也去邪歸正故曰歸去墨歸楊去楊歸儒則當受而安之也

今之與楊墨辯者如追放豚既入其苙又從而招之

苙闌也招罥也今之與楊墨辯爭道者譬如追放逸之豕豚追而還之入闌則可又復從而罥之太甚以言去楊墨歸儒則可又復從而非之亦云太甚

孟子曰有布縷之征粟米之征力役之征

征賦也國有軍旅之事則橫興此三賦也布軍卒以為衣也縷紩鎧甲之縷也粟米軍糧也力役民負荷廝養之役也

君子用其一緩其二用其二而民有殍用其三而父子離

君子為政雖遭軍旅量其民力不並此三役更發異時急一緩二民不苦之若並用二則路有餓殍若並用三則分崩不振父子離析忘禮義矣

孟子曰諸侯之寶三土地人民政事寶珠玉者殃必及身

諸侯正其封疆不侵鄰國鄰國不犯寶土地也使民以時居不離散寶人民也修其德教布其惠政寶政事也若寶珠玉求索和氏之璧隋氏之珠與強國爭之強國加害殃及身也

盆成括仕於齊孟子曰死矣盆成括

盆成姓括名也嘗欲學於孟子問道未達而去後仕于齊孟子聞而嗟嘆曰死矣盆成括知其必死

盆成括見殺門人問曰夫子何以知其將見殺

門人問孟子何以知之也

曰其為人也小有才未聞君子之大道也則足以殺其軀而已矣

孟子答門人言括之為人小有才慧而未知君子仁義謙順之道適足以害其身也

孟子之滕館於上宮

館舍也上宮樓也孟子舍上賓客所館之樓上也

有業屨於牖上館人求之弗得或問之曰若是乎從者之廋也

屨屝屨也業織之有次業而未成也置之窗牖之上客到之後求之不得有來問孟子者曰是客從者之廋廋匿也孟子與門徒相隨從車數十故曰侍從者所竊匿也

曰子以是為竊屨來與

孟子謂館人曰子以是眾人來隨事我本為欲竊屨故來邪

曰殆非也

館人曰殆非為是來事夫子也自知問之過也

夫子之設科也，往者不追，來者不拒，苟以是心至，斯受之而已矣。

孟子曰：夫我設教授之科，教人以道德也。其去者亦不追呼，來者亦不拒逆，誠以是學道之心來至，我則斯受之，亦不知其取之與否，君子不保其異心也。見館人殆非爲是來，亦云不能保知，謙以益之而已。

孟子曰：人皆有所不忍，達之於其所忍，仁也。

人皆有所愛，不忍加惡，推之以通於所不愛，皆令被德，此仁人也。

人皆有所不爲，達之於其所爲，義也。

人皆有不喜爲，謂貧賤也，通之於其所喜爲，謂富貴也。抑情止欲，使若所不喜爲，此者義人也。

人能充無欲害人之心，而仁不可勝用也。

以皆有不害人之心，能充大之以爲仁，仁不可勝用也。

人能充無穿窬之心，而義不可勝用也。

穿牆踰屋，姦利之心也。人既無此心，能充大之以爲義，義不可勝用也。

人能充無受爾汝之實，無所往而不爲義也。

爾汝之實，德行可輕賤，人所爾汝者也。既不見輕賤，不爲人所爾汝，能充大而以自行，所至皆可以爲義也。

士未可以言而言，是以言餂之也；可以言而不言，是以不言餂之也；是皆穿窬之類也。

餂，取也。人之爲士者，見尊貴者未可與言而強與之言，欲以言取之也，是失言也。見可與言者而不與之言，不知賢人可與之言而反欲以不言取之，是失人也。是皆趨利入邪無知之人，故曰穿窬之類也。

孟子曰：言近而指遠者，善言也；守約而施博者，善道也。君子之言也，不下帶而道存焉。

言近指遠，近言正心，遠可以事天也。守約施博，約守仁義，大可以施德於天下也。二者可謂善言善道也。正心守仁，皆在胸臆，吐口而言之，四體不與焉，故曰不下帶而道存焉。

君子之守，脩其身而天下平。

身正物正，天下平矣。

人病舍其田而芸人之田，所求於人者重，而所以自任者輕。

芸，治也。田以喻身。舍身不治而欲責人治，是求人太重，自任太輕也。

孟子曰：堯舜，性者也；湯武，反之也。

堯舜之體性自善者也，殷湯周武反之於身，身安乃以施人，謂加善於民也。

動容周旋中禮者，盛德之至也。

人動作容儀，周旋中禮者，盛德之至。

哭死而哀，非爲生者也。

死者有德，哭者哀也。

經德不回，非以干祿也；言語必信，非以正行也。

經，行也。體德之人，行其節操，自不回邪，非以求祿位也。庸言必信，非必欲以正行爲名也，性不忍欺人也。

君子行法，以俟命而已矣。

君子順性蹈德，行其法度，夭壽在天，行命以待之而已矣。

孟子曰：說大人則藐之，勿視其巍巍然。

大人謂當時之尊貴者也。孟子言說大人之法，心當有以輕藐之，勿敢視之巍巍富貴若此而不畏之，則心舒意展，言語得盡而已。

堂高數仞，榱題數尺，我得志弗爲也。

仞，八尺也。榱題，屋霤也。堂高數仞，榱題數尺，奢太之室，使我得志，不居此堂也。大屋無尺丈之限，故言數仞也。

食前方丈，侍妾數百人，我得志弗爲也。

極五味之饌食，列於前方一丈，侍妾衆多至數百人也。

般樂飲酒，驅騁田獵，後車千乘，我得志弗爲也。

般，大也。大作樂而飲酒，驅騁田獵，後車千乘，般於遊田也。

在彼者皆我所不爲也，在我者皆古之制也，吾何畏彼哉？

在彼貴者驕佚之事，我所恥爲也。在我所行，皆古聖人所制之法，謂恭儉也。我心何爲當畏彼人乎哉。

孟子曰：養心莫善於寡欲。其爲人也寡欲，雖有不存焉者，寡矣；

養，治也。寡，少也。欲，利欲也。雖有少欲而亡者，謂遭横暴，若單豹卧深山而遇饑虎之類也，然亦寡矣。

其爲人也多欲，雖有存者，寡矣。

謂貪而不亡，蒙先人德業，若晉國欒黶之類也，然亦少矣，不存者衆。

曾晳嗜羊棗，而曾子不忍食羊棗。公孫丑問曰：膾炙與羊棗孰美？

羊棗，棗名也。曾子以父嗜羊棗，父没之後，唯念其親，不復食羊棗，故身不忍食也。公孫丑怪之，故問羊棗與膾炙孰美也。

孟子曰：膾炙哉！

言膾炙固美也，何比於羊棗。

公孫丑曰：然則曾子何爲食膾炙而不食羊棗？曰：膾炙所同也，羊棗所獨也。諱名不諱姓，姓所同也，名所獨也。

孟子言膾炙雖美，人所同嗜，獨曾子父嗜羊棗耳，故曾子不忍食也。譬如諱君父之名，不諱其姓，姓與族同之，名所獨也，故諱。

萬章問曰：孔子在陳曰：盍歸乎來！吾黨之小子狂簡，進取不忘其初。孔子在陳，何思魯之狂士？

孔子在陳，不遇賢人，上下無所交，蓋歎息思歸，欲見其鄉黨之士也。簡，大也。狂者進取大道而不得其正者也。不忘其初，孔子思故舊也。周禮五黨爲州，五州爲鄉，故曰吾黨之士也。萬章怪孔子何爲思魯之狂士者也。

孟子曰：孔子不得中道而與之，必也狂獧乎！狂者進取，獧者有所不爲也。孔子豈不欲中道哉？不可必得，故思其次也。

中道，中正之大道也。狂者能進取，獧者能不爲不善。時無中道之人，以狂獧次善者，故思之也。

敢問何如斯可謂狂矣

萬章曰人行何如斯則可謂之狂也

曰如琴張曾皙牧皮者孔子之所謂狂矣

孟子言人行如此三人者孔子謂之狂也琴張子張也子張之爲人踸踔譎詭論語曰師也僻故不能純善而稱狂也又善鼓琴號曰琴張曾皙曾參父也牧皮行與二人同皆事孔子學者也

何以謂之狂也

萬章問何以謂此人爲狂

曰其志嘐嘐然曰古之人古之人夷考其行而不掩焉者也

嘐嘐志大言大者也重言古之人欲慕之也夷平也考察其行不能掩覆其言是其狂也

狂者又不可得欲得不屑不潔之士而與之是獧也是又其次也

屑潔也不潔汚穢也既不能得狂者欲得有介之人能恥賤惡行不潔者則可與言矣是獧人次于狂者也

孔子曰過我門而不入我室我不憾焉者其惟鄉原乎鄉原德之賊也

憾恨也人過孔子之門不入則孔子恨之獨鄉原不入者無恨心耳以其鄉原賊德故也

曰何如斯可謂之鄉原矣

萬章問鄉原之惡如何

曰何以是嘐嘐也言不顧行行不顧言則曰古之人古之人行何爲踽踽涼涼生斯世也爲斯世也善斯可矣閹然媚於世也者是鄉原也

孟子言鄉原之人言何以嘐嘐若有大志也其言行不顧則亦稱曰古之人古之人行何爲踽踽涼涼有威儀如無所施之貌也鄉原者外欲慕古之人而其心曰古之人何爲空自踽踽涼涼而生於今之世無所用之乎以爲生斯世但當取爲人所善善人則可矣其實但爲合衆之行媚愛也故閹然大見愛於世也若是者謂之鄉原也

萬子曰一鄉皆稱原人焉無所往而不爲原人孔子以爲德之賊何哉

萬子即萬章也孟子録之以其不解於聖人之意故謂之萬子子男子之通稱也美之者欲以責之也萬子言人皆以爲原善所至亦謂之善人若是孔子以爲賊德何爲也

曰非之無擧也刺之無刺也同乎流俗合乎汙世居之似忠信行之似廉潔衆皆悅之自以爲是而不可與入堯舜之道故曰德之賊也

孟子言鄉原之人能匿蔽其惡非之無可擧者刺之無可刺者志同於流俗之人行合於汚亂之世爲人謀居其身若似忠信行其身若似廉潔爲行矣衆皆悅美之其人自以所行爲是而無仁義之實故不可與入堯舜之道也無德而人以爲有德故曰德之賊也

孔子曰惡似而非者惡莠恐其亂苗也惡佞恐其亂義也惡利口恐其亂信也惡鄭聲恐其亂樂也惡紫恐其亂朱也惡鄉原恐其亂德也

似真而非真者孔子之所惡也莠之莖葉似苗佞人詐飾似有義者利口辯辭似若有信鄭聲淫人

之聽似若実樂。紫色似朱。朱赤也。鄉原惑衆似有德者。此六似者。孔子之所惡也。

君子反經而已矣。經正則庶民興。庶民興。斯無邪慝矣。

經常也。反歸也。君子治國家歸於常經。謂以仁義禮智道化之。則衆民興起。而家給人足矣。倉廩實而知禮節。安有爲邪惡之行也。

孟子曰。由堯舜至於湯。五百有餘歲。若禹皋陶。則見而知之。若湯則聞而知之。

言五百歲聖人一出。天道之常也。亦有遲速。不能正五百歲。故言有餘歲也。見而知之。謂輔佐也。通能于大賢次聖者。亦得與在其間。親見聖人之道而佐行之。言易也。聞而知之者。聖人相去卓遠。數百歲之間。變故衆多。踰聞前聖所行。追而尊之。以致其道。言難也。

由湯至於文王。五百有餘歲。若伊尹萊朱。則見而知之。若文王則聞而知之。

伊尹摯也。萊朱亦湯賢臣也。一曰仲虺是也。春秋傳曰。仲虺居薛。爲湯左相。是則伊尹爲右相。故二人等德也。

由文王至於孔子。五百有餘歲。若太公望散宜生。則見而知之。若孔子則聞而知之。

太公望呂尚也。號曰師尚父。散宜生文王四臣之一也。呂尚有勇謀而爲將。散宜生有文德而爲相。故以相配而言之也。

由孔子而來至於今。百有餘歲。去聖人之世若此其未遠也。近聖人之居若此其甚也。然而無有乎爾。則亦無有乎爾。

至今者。至今之世。當孟子時也。聖人之間必有大賢名世者。百有餘年。適可以出。未爲遠而無有也。鄒魯相近。傳曰。魯擊柝。聞於邾。近之甚也。言己足以識孔子之道。能奉而行之。既不遭值聖人。若伊尹呂望之爲輔佐。猶可應備名世。如傳說之中出於殷高宗也。然而世謂之無有。此乃天不欲使我行道也。故重言之。知天意之審也。言則亦者。非實無有也。則亦當使爲無有也乎爾者。歎而不怨之辭也。

孟子卷十四